Guten Tag,
hier schreibt Ihre Renate Bergmann. Ich weiß nicht, ob Sie sich noch entsinnen können. Ich habe Ihnen schon mal geschrieben. Und jetzt eben wieder.

Ich war nämlich zur Reha. Das ist wie früher Kur, nur Kur zahlt die Kasse nicht mehr. Du liebe Zeit! Als es erst hieß, ich soll zum Turnen und Wassertreten nach Wandlitz raus – nee, da wollte ich nicht. Das olle Bonzennest! Bestimmt schleicht da immer noch die Margot, das olle Kommunistenliebchen, rum. Aber es wurde eine so schöne Zeit. Was meinense, was ich da alles erlebt habe. Hihi. Es grüßt Sie herzlich

Ihre Renate Berg
mann.

Himmel, wieso macht das Ding da eine neue
Zeile?

Renate Bergmann, geb. Strelemann, wohnhaft in Berlin. Trümmerfrau, Reichsbahnerin, Haushaltsprofi und vierfach verwitwet: Seit Anfang 2013 erobert sie Twitter mit ihren absolut treffsicheren An- und Einsichten – und mit ihren Büchern die ganze analoge Welt.

Torsten Rohde, Jahrgang 1974, hat in Brandenburg/Havel Betriebswirtschaft studiert und als Controller gearbeitet. Sein Twitter-Account @RenateBergmann, der vom Leben einer Online-Omi erzählt, entwickelte sich zum Internet-Phänomen. «Ich bin nicht süß, ich hab bloß Zucker» unter dem Pseudonym Renate Bergmann war seine erste Buchveröffentlichung – und ein sensationeller Erfolg.

«Freche Aktionen und witzige Sprüche, das Erfolgsrezept der rüstigen Rentnerin.» (Bild.de)

«Renate Bergmann nimmt ihr Alter mit Humor – und die Jungen auf die Schippe.» (MDR Info)

RENATE BERGMANN

Das bisschen *Hüfte*, meine GÜTE

Die **Online-***Omi* muss in Reha

Rowohlt Taschenbuch Verlag

Originalausgabe
Veröffentlicht im Rowohlt Taschenbuch Verlag,
Reinbek bei Hamburg, August 2015
Copyright © 2015 by Rowohlt Verlag GmbH,
Reinbek bei Hamburg
Umschlaggestaltung any.way, Cathrin Günther
Illustration Rudi Hurzlmeier
Satz Stempel Garamond, InDesign
Gesamtherstellung CPI books GmbH,
Leck, Germany
ISBN 978 3 499 27044 4

Guten Tag,
hier schreibt Ihre Renate Bergmann. Ich weiß nicht, ob Sie sich noch entsinnen können, wer ich bin. Ich habe Ihnen schon mal ein paar Geschichten aufgeschrieben, ja, und nun weiß ich auch nicht so recht: Kennen Sie mich nun schon oder nicht? Vielleicht haben Sie mich auch vergessen? Es ist gar nicht so einfach, ich will Sie nicht langweilen und alles noch mal erzählen. Aber ich glaube, ich stelle mich doch kurz vor. Das gebietet die Höflichkeit.

Ich bin 82, Rentnerin, vierfach verwitwet und wohne in Berlin-Spandau.

Früher hatte ich große Probleme mit dem Computerzeuchs, aber mein Neffe hat es mir so erklärt, dass ich nun ganz gut zurechtkomme.

Schauen Sie: Ich kann die GRO?MACHTASTE EINSCHALTEN und auch wieder ausschalten, ich muss nicht mehr bei Stefan antelefonieren, wenn man da versehentlich drAUFKOMMT; sondern knipse sie einfach aus.

Jedenfalls mei
st.

Huch. Jetzt ... sehense, man muss aber trotzdem aufpassen wie ein Luchs, sonst kommt man auf die große Taste mit dem Pfeil, und dann hopst es, und man schreibt eine Zeile tiefer weiter.

Jetzt würde ich am liebsten gleich loslegen und Ihnen erzählen, was es Neues gibt – aber das geht ja nicht. Das ist so, wie wenn ich Hilde Steinke beim Bäcker treffe. Da kann ich auch nicht einfach nur sagen: «Hilde, denk dir nur, Gertrud hat bei dem Wetter wieder so ein Reißen im Ellenbogen.» Da muss ich auch sagen: «Gertrud; du weißt doch, die Untersetzte, die mit Gustav Potter verheiratet war, der im Chor gesungen hat mit euch.» Man muss immer erst erklären, um wen oder was es geht.

So ist es hier auch.

Ich war gerade fertig mit dem Büchlein und wollte auf eine Busfahrt gehen – man kommt ja zu nichts, wenn man mit dem Klappcomputer am Tippen ist den ganzen Tag! –, da ruft das Fräulein vom Verlag an und sagt: «Frau Bergmann, irgendwie müssten wir vorab noch die Figuren vorstellen.»

Ich sach: «Fräulein, schon wieder? Das haben wir doch schon mal erklärt.»

Ja, meinte sie, das wäre so nett gewesen, und bestimmt sind auch wieder ein paar neue Leser dabei, deshalb ...

Es hat ja alles keinen Sinn. Die gibt doch keine Ruhe, bevor sie nicht kriegt, was sie will. Und ich erzähle Ihnen doch sehr gern, mit wem Sie es zu tun haben werden. Also, passen Se gut auf, ich stelle Ihnen mal meine Leutchen vor:

Gertrud Potter

Meine Freundin Gertrud kenne ich seit der Schulzeit. Zwischendurch hatten wir uns mal aus den Augen verloren, aber im Grunde ist sie eine treue Seele und hält immer zu mir. Das ist es, was zählt im Leben: dass man sich auf einen Menschen verlassen kann. Dann nimmt man auch ihren Reizdarm in Kauf oder dass sie sich mit der Gabel das Essen aus den Zähnen kratzt bei Tisch. Das wäre ja nicht mal schlimm, ließe sie die Zähne dabei im Mund. Ach, meine Gertrud. Aber, das muss ich Ihnen sagen – wenn es eng wird, dann ist Gertrud da und kümmert sich. Sie hat ordentlich zu tun in letzter Zeit, da ist Gunter Herbst, ihr neuer Lebensgefährte, der will umsorgt und gepflegt sein, und dann hat sie sich ja auch den ungestümen jungen Doberschnauzer Norbert zugelegt. Ich weiß gar nicht, ob wir diesen Sommer zusammen in den Urlaub fahren, sehense, das muss ich unbedingt mit ihr besprechen. Ich schreib mir das gleich auf, sonst vergesse ich es wieder. Nee, es wird immer verrückter, was man nicht gleich aufschreibt, ist wieder raus aus dem Kopf. Wo war ich? Ach ja.

Ilse Gläser
Wissense, je älter mein Ilschen wird, desto mehr wird sie wie ihre Mutter. Die war auch so eine ganz zarte, kleine Frau, die ständig geweint hat und immer rief: «Mach bloß vorsichtig, nicht, dass was passiert!» So ist Ilse auch. Sie ist ein Seelchen und 82 Jahre wie ich, aber noch tipptopp. Die hat nicht mal Zucker. Ab und an Rücken, jawoll, aber ich glaube, das hat sie nur aus Solidarität mit ihrem Mann Kurt. Die beiden wohnen gleich bei mir um die Ecke. Sie haben ein Haus mit guter Stube und Grundstück.

Kurt Gläser
Kurt ist der Mann von Ilse. Er ist 87 und noch rüstig. Nur die Augen … er sieht ja nur noch 40%. Er hätte in den Ferien den Hamster der Nachbarn füttern sollen. Nach ein paar Tagen ist Ilse gucken gegangen, aber da war es schon zu spät. Der Hamster war mausetot, und auf die Kiwi in der Obstschale hatte Kurt Trockenfutter gekippt. Sie haben dann schnell einen neuen Hamster gekauft, bevor die Nachbarn aus dem Urlaub kamen, und keiner hat was gemerkt. Er fährt noch selbst Auto, das ja, aber vorsichtig! Wenn Sie uns mal in Spandau sehen im blauen Koyota – winken Sie uns! Wir fahren sachte, immer mittig, so, dass Kurt die gestrichelte Linie unter sich hat.

Kirsten von Morskötter
Meine Tochter wohnt nicht bei mir, sondern in einem Dorf im Sauerland, wo es kein Onlein gibt. Ich kann nur dankbar sein, dass sie weit weg ist und ich den Blödsinn nicht jeden Tag höre. Sie ist Tiertherapeutin und Weganerin. Sie isst nur Zeug vom Komposthaufen. Und sie liest aus allem die Zukunft, was ihr in die Finger kommt – Karten, Kaffeesatz, Handflächen ... ganz egal. Sie hat mittlerweile aber auch drei Dioptrien, wissense, sie ist ja jetzt auch 50. Sie sieht nicht mehr so gut und in die Zukunft schon gar nicht. Es ist nicht leicht mit ihr, aber sie hat ein gutes Herz und pflegt angefahrene Kätzchen gesund. Und wenn ich sie brauche, ist sie für mich da.

Stefan Winkler
Stefan ist mein Neffe. Genau müsste Ihnen Ilse das mal ausrechnen, sie hat den Stammbaum besser im Kopf als ich. Also, Stefans Opa ist ein Bruder meines ersten Mannes Otto. Er ist ein guter Junge, der mir immer mit dem Händi hilft und auch mit dem Farbfernsehgerät. Stefan ist jetzt 30, und langsam mache ich mir Sorgen, ob er wohl noch eine Frau findet. Früher hatten wir Backfische Probleme, einen Mann zu finden, weil die Burschen alle im Krieg geblieben waren, und heute ist es umgekehrt: Da bleiben die jungen Männer sitzen, weil die Frauen alle zum Studieren rennen und sie selbst lieber mit dem Computer spielen als mit ... na, Sie wissen schon. Ich glaube, ich muss mich um die Sache kümmern.

Ariane von Fürstenberg
Zu Ariane darf ich noch gar nicht viel schreiben, sonst ist ja die Überraschung weg. Lesen Se mal schön selbst. Ach, ein feines Mädel ist das. Ein bisschen naiv, und man muss ein Auge auf sie haben, was ihre hausfraulichen Fähigkeiten betrifft, aber Potenzial ist da. Ariane studiert Computer und fährt auch selbst Auto, aber trotzdem ist sie nicht so eine Emanzipierte. Auch, wenn sie nicht weiß, wie man ein Schnitzel richtig paniert, ist sie ein gutes Mädchen. Sie kennt sich auch prima mit den Königshäusern aus und weiß genau, wo Mette Maria immer Ski läuft und Herzogin Kät von England auch. Sie schämt sich aber dafür, dass sie sich mit diesem «Olle-Weiber-Zeug» auskennt, und hat gesagt, dass ich das nicht aufschreiben darf.

Hihi.

Manja Berber
Die Frau Berber wohnt mit ihrem Bengel bei mir im Haus. Als älterer Mensch wird man ja für dumm gehalten, denken Se mal nicht, die käme und würde von sich aus mal erzählen, was wichtig ist. Wenn ich nicht die Post im Blick hätte – ich wüsste bis heute nicht, wer der Kindsvater von – warten Se – Jens-Elias … nee, Jeremy-Elias ist. Ein verzogener Bengel ist das. Jetzt, wo sie in der Schule so weit sind, dass sie über die 100 hinausrechnen, da wird es bei der Berber ja auch schon eng.

Doris Meiser

Die Meiser wohnt auch mit im Haus. Eine ganz aparte Person Ende vierzig ist das mit dunklem, kurzem Haar. Sie geht immer in Schuhen, in denen sie nicht laufen kann. Wenn Sie mal eine Frau sehen und denken, die hat am helllichten Tag getrunken – das ist die Meiser. Sie hat auch einen Jemie-Dieter, wie die Berber. Nur ist ihrer schon 16 und heißt Jason-Madox. Sie ist ganz dicke mit der Berber befreundet, aber im Haushalt können sie beide nichts.

So, dann wollen wir mal loslegen, nich wahr?

──────────── Zu jeder **HOCHZEIT** gehört eine Brautmutter, die die ganze Zeit **WEINT**, und ein Brautvater, der die ganze Zeit **FOTOS** knipst ────────────

Der Stefan ist ein lieber Junge. Er ist ein Neffe meines ersten Mannes Otto. Großneffe. Ich glaube, ein Großneffe? Ich weiß das nicht so genau, ich kenne mich mit Verwandtschaftsgraden nicht so aus. Mir ist nur wichtig, ob jemand ein gutes Herz hat, dann mag ich ihn auch. Ob das dann ein Großneffe oder eine Kusscousine ist, das ist mir egal. Meine Freundin Ilse weiß das viel besser, die muss ich mal fragen. Ilse ist eine geborene von Wuhlisch, alter preußischer Landadel. In ihrer Familie hat man auf solche Dinge viel Wert gelegt. Sie kann ihre Vorfahren bis ins 17. Jahrhundert aufsagen. Ich frage mich immer, wozu das gut ist, schließlich muss man die zum Essen am Geburtstag nicht mehr einplanen, höchstens bei der Grabbepflanzung.

Ganz anders ist es mit dem Stefan. Wie gern hätte ich für ihn schon vor Jahren *zwei* Gedecke aufgelegt beim Feiern, aber er kam immer allein. Er fand und fand einfach keine Freundin! Ilse und Gertrud haben ein paar Mal junge Damen aus ihrer Verwandtschaft geschickt, die ich dann als Tischdame eingeladen habe, aber Stefan hat das nicht gefallen. Er schimpfte und fluchte, nee, das war nicht der richtige Weg.

Aber es ließ mir einfach keine Ruhe. Es war ein Jammer und nicht mehr mit anzuschauen. Der Junge ging auf die 30 zu und wurde immer blasser und ungnädiger. Die Nächte durch saß er nur an seinen Computern – er hat mehrere davon, die ganze Wohnstube voll, überall Kabel und Staub und alte Kartons vom Pizza – Sie machen sich kein Bild! Ab und an bin ich hingegangen und habe mal sauber gemacht. Aber wissense, ich bin nun über 80, und es fällt mir zunehmend schwer, in alle Ecken zu kommen. Der Junge hat ja auch keinen Staubsauger und auch sonst kein Putzgerät, also muss ich immer mit meinem RT50 mit der U-Bahn fahren. Kurt will ich darum nicht bitten, man will ja schließlich keine Umstände machen. Und wenn was drankäme an den Koyota, weil der Staubsauger in der Kurve umfällt und eine Schramme macht – nee, da will ich nicht schuld sein. Und es geht ja nicht nur darum, dass man der Wohnung ansieht, dass eine weibliche Hand fehlt – mal unter uns gesprochen: Der Junge kann doch auch nicht alles ausschwitzen. Wenn Sie verstehen, was ich meine.

Dabei ist der Stefan so gefällig und freundlich. Wenn mal was ist – auf Stefan kann ich mich immer verlassen. Wenn der Computer oder das Händi verrücktspielen – ich muss Stefan nur anrufen, und schon ist er da. Auch bei Ilse und Kurt ist er behilflich. Vor ein paar Wochen haben die beiden einen neuen Fernseher gekauft. Der alte war wirklich nicht mehr schön, auf dem einen Sender waren Streifen, auf dem anderen Schnee, und manche waren sogar nur schwarz-weiß. Er hatte noch Knöpfe, die schon wackelten. MDR konnten sie nur gucken, wenn Kurt drei und fünf zusammen gedrückt und mit einem Zahnstocher die Knöpfe festgeklemmt hat. Wenn der Zahnstocher rausfiel, war MDR weg und der RTL da. Das ging nun wirklich nicht mehr. Die beiden haben eine gute Rente und keine Verpflichtungen, da habe ich ihnen gut zugeredet zu einem neuen Gerät. Stefan hat beim Aussuchen geholfen, den Apparat angefahren, alles aufgestellt und den beiden erklärt. Wir haben eine Liste gemacht, welcher Sender wo ist und was sie auf gar keinen Fall anfassen und verstellen dürfen. Auf der Fernbedienung wurde mit Isolierband markiert, wo AN und AUS und LAUT und LEISE ist, und erst ging auch alles gut. Ach, es war ein klares, großes, wunderschönes Bild, und der Ton war auch prima! Kein Vergleich mit der alten Flimmerkiste. Zwei Tage lang hörte ich nichts, aber am Dienstag – ich saß gerade beim Abendbrot – rief Ilse an. Im Hintergrund dröhnte es so laut, ich verstand sie kaum. Sie schrie, dass Stefan kommen müsse, der Apparat würde verrücktspielen. Denken Sie nur, sie hatte Tränen in der Stimme!

Stefan kam nach dem Notfall noch kurz bei mir vorbei, ich musste schließlich wissen, was los war, nich? Ich muss ehrlich sein, ich komme mit meinem Apparat auch nicht immer so zurecht. Da war doch letzthin dieses Olympia im Fernsehen. Ich mache mir nicht viel aus Sport, aber Eiskunstlauf gucke ich gern. Da wird getanzt, und meist ist schöne Musik, ach, und dann die Kostüme! Wobei man oft auch den Kopf schütteln muss, die werden ja auch immer kürzer. Nee, Eiskunstlauf habe ich immer schon gern geguckt, schon seit Marika Kilius. Damals hat der Reporter immer noch gesagt: «Für die Schwarz-Weiß-Zuschauer: Die Läuferin trägt ein rotes Kleid, und die Ärmel sind gelb abgesetzt.» Das ist ja heute nicht mehr nötig; außer bis vor kurzem für Ilse und Kurt. Und die Katarina Witt, die mochte ich sowieso, nein, was habe ich mitgefiebert! In Collgrio damals, ich sage Ihnen! Bis morgens um fünf habe ich geguckt mit einer großen Kanne Mokka. Als Franz aufstand, um zur Arbeit zu gehen, war gerade Schluss. Meine Fingernägel waren kurzgekaut vor Aufregung, aber wir hatten die Goldmedaille. Das werde ich nie vergessen, so schön war das.

Dieses Mal hatte ich mir extra eine Fernsehzeitung gekauft, da war ein großer Plan drin mit allen Zeiten. Aber man soll nicht glauben, dass das Fernsehen sich daran hält! Da stand «19 Uhr Kür der Damen», aber um 19 Uhr zeigten sie Buckelpiste. Ich dachte erst, das ist was für alte Damen mit Ossiporose im Nacken, aber das hätten Se mal sehen sollen. Die sind mit Ski über Berg und Tal und haben sich durchschütteln lassen, und dann Salto und Überschlag – du liebe Güte, ich konnte gar nicht hingucken! So ein Quatsch. Die nehmen doch alle Drogen. Ich habe dann beim ZDF angerufen und gefragt, wo Eiskunstlauf kommt. Sie sagten, in ZDF Leifstriem. Bis Kanal 990 habe ich auf dem Apparat durchgeschaltet, aber kein Eiskunstlauf. Nackte Frauen überall, ja, aber nirgends Eiskunstlauf. Stefan hat mir dann den Computer angestellt, und ich konnte es im Onlein sehen, aber es ist ja nicht dasselbe. Auf dem großen Fernseher ist es schöner. Und vor allem ohne Stefan, der wuselt einem dann nur vor den Füßen rum, und man kann gar nicht richtig mitfiebern.

Nun, da er bei Ilse und Kurt geholfen hatte, erzählte er kopfschüttelnd, dass Kurt umschalten wollte, dabei den falschen Knubbel auf der Fernbedienung erwischt und LAUT gemacht hat. Der Lautstärkebalken auf dem Bildschirm wanderte immer weiter nach rechts, bis er fast in den Gummibaum reichte, der neben dem Fernsehgerät steht. Dann hat Kurt das Ding fallen lassen – und dabei ist die Batterie rausgeplumpst. Ilse hat nach einer Weile die Nerven verloren und den Stecker rausgezogen, bloß gut – da war der Stefan schon auf dem Weg. Stecker rausziehen mache ich auch manchmal, wenn es bei «Aktenstapel XY» zu gruselig wird, dann presse ich mir ein Sofakissen vor die Augen und ziehe, nee, das machen meine Nerven sonst nicht mit.

So ein guter Junge ist der Stefan, aber was die Frauen betraf, tat er sich immer schwer. Aber eine Renate Bergmann ist eine Frau der Tat. Kurz und gut, mir langte es, und ich nahm die Dinge in die Hand und schrieb einen Brief an den RTL zu «Schwiegertochter gesucht». Ich erklärte kurz, wer ich bin. Schließlich ist Stefan nicht mein Sohn, sondern Verwandtschaft meines verstorbenen ersten Mannes, aber so genau nehmen die es beim Fernsehen ja nicht. Alles Betrug und Schummelei. Ich beschrieb ihnen den Stefan ganz genau und legte auch ein Foto bei. Die Aufnahme, die wir an seinem Geburtstag gemacht hatten, wo er den hübschen Strickpulli mit dem Pandabären auf der Brust trägt, den ich für ihn gearbeitet habe. Was hat sich der Junge gefreut. Auf dem Foto guckt er zwar ein bisschen mitgenommen, aber das lag wohl daran, dass der Blitz ihn geblendet hat. Kurt fotografiert ja so gern. Er macht Bilder aber nicht mit dem Tomatentelefon wie ich, sondern mit einem altmodischen Apparat, in den man Filme einlegen muss. Aber nur noch bunt, schwarz-weiß gibt es nicht mehr, hat die Frau in der Drogerie gesagt. Kurt knipst wirklich für sein Leben gern. Es gibt nur drei Probleme dabei: Erstens sieht er so schlecht, dass er im falschen Moment abdrückt und die Bilder deswegen verschwommen sind, zweitens fehlen meist die Köpfe auf seinen Bildern, weil er den Fotoapparat schon weglegt, während er noch knipst, und drittens wird der Film ein halbes Jahr lang nicht voll. Wenn die Bilder dann entwickelt werden, gibt es immer eine große Überraschung, weil keiner mehr weiß, wer das auf den Fotos ist. So ohne Kopf und verwackelt, Sie verstehen sicher, was ich meine. Ilse hat ein gutes Gedächtnis und kann sich manchmal anhand des Musters der Bluse noch entsinnen, wer es sein müsste. Ach, ich sage Ihnen …

Aber ich verschwatze mich. Vom Stefan wollte ich Ihnen erzählen. Den Stefan hatte der Kurt gut erwischt, der Kopf war mit drauf, und gewackelt war auch nichts. Tipptopp Heiratsmaterial, der Junge. Gutaussehend, und Arbeit hat er auch, und er duscht regelmäßig und hat gesunde Zähne. Ach, wenn ich noch mal jung wäre, ich hätte mich gemeldet und ihm geschrieben.

Der RTL hat das aber kompliziert gemacht. Die haben es nicht einfach gesendet, wie bei «Aktendeckel XY» auch, sondern hier rief eine Dame an von der Redaktion und wollte mit Stefan sprechen. Ich sagte ihr, dass das nicht ginge, schließlich sollte es eine Überraschung für ihn werden. Sie wollte aber keine Schwiegertöchter schicken, nicht mal das Fräulein Beate, sondern einen Praktikanten, der mit Stefan ein Gespräch führen sollte. Ich ahnte schon, dass das wieder Ärger geben würde. Der Junge tut sich so schwer, wenn es um das Thema geht, ich sah es schon kommen, dass er ungehalten reagieren würde. Aber ich meinte es doch nur gut! Man konnte es nicht mehr mit ansehen, immer nur Fertigessen und die ganze Nacht Ballerspiele am Computer. Immer «bumm, bumm, bumm», und die Wohnung verdreckt. Es sah ja aus bei ihm wie bei der Berber, dem verkommenen Frauenzimmer, das bei mir mit im Haus wohnt. Also, denke ich. Ich war noch nie in ihrer Wohnung, das fällt einer Renate Bergmann nicht ein, da neugierig reinzuspazieren. Den Türspion hat sie von innen abgeklebt, und vom Balkon aus kann man auch nichts sehen, sie hat die Vorhänge immer zugezogen. Aber man hört doch, wenn jemand Staub saugt oder ordentlich durchwischt und die Küche scheuert. Dann bumst man mit dem Schrubber mal gegen die Tür oder gegen den Schrank. Wenn das richtig gemacht wird, hört man das. Bei der Berber ist es immer still, die kann gar nicht richtig wischen! Wenn sie Wäsche macht, ist die Waschmaschine auch meist nach nicht mal einer Stunde fertig. Kochwäsche geht so schnell nicht. Stellen Se sich das mal vor, nicht nur, dass die so Strippenschlüpper trägt, die kocht die nicht mal! Alles wird nur bei 40 Grad durchgespült, und dann wundern sie sich, dass sie Pilze haben. Da kann ich mir doch denken, wie es in der Wohnung aussieht. Ich sage Ihnen: Man muss immer ein waches Auge haben. So schnell hat man Ungeziefer im Haus. Lebensmittelmotten oder sogar Mäuse! Wenn ordentlich reine gemacht wird, passiert so was nicht.

Aber seit die Berber hier im Haus wohnt, bin ich auf alles gefasst.

Ja, beim Stefan sah es schon schlimm aus und weit und breit keine Frau in Sicht. Da fehlte eindeutig die weibliche Hand, und da der Junge nun 30 wurde, war es höchste Zeit zu handeln. Er hatte lange genug Zeit gehabt, allein aktiv zu werden. Ich hatte mit Gertrud schon überlegt, ob man ihm zu meinem Geburtstagsfest nicht doch noch mal eine nette Tischdame einlädt, aber uns fiel niemand mehr ein. Gertruds Enkelin, die Vanessa, war gerade 17 Jahre und hatte auch noch gar keine Aussteuer beisammen. Gott sei Dank sah Gertrud das genauso, denn offen gesagt hätte ich das Mädel auch nicht in der Verwandtschaft haben wollen. Die kann nämlich auch nicht kochen und lungert den ganzen Tag auf der Couch rum.

Nee, der RTL war schon die richtige Idee, wozu gibt es solche Sendungen schließlich? Man muss so einen Service nutzen, es kostet schließlich nichts.

Es war mir zwar nicht recht, dass die mit Stefan direkt reden wollten, der würde das nur alles wieder vermasseln. Sie sollten mit mir reden und einfach ein paar Kandidatinnen schicken, ich hätte schon die richtige ausgesucht. Aber darauf ließ sich die Dame von der Redaktion nicht ein.

Drei Tage darauf hopste mein Tomatentelefon über den Tisch. Ich erschrecke mich noch immer so, wissense. Ich nehme es hauptsächlich für den Fäßbock und Twitter und schreibe die Geburtstage und Adressen rein. Sie können sich nicht vorstellen, wie praktisch das ist. Wenn einer heiratet, muss man nicht groß radieren, sondern schreibt einfach den neuen Namen drüber. Auch wenn einer stirbt: Einfach löschen, und gut ist es. Was war das früher für ein Streichen und Radieren! Telefonieren tue ich nur im Notfall, weil es so teuer ist. Dafür nehme ich lieber das Posttelefon. Mich ruft auch selten jemand auf dem Händi an, wer in unserem Alter kann sich schon 13-stellige Zahlen merken? Höchstens Ilse, die hat schon als junges Mädel Schillers «Glocke» oder den «Schimmelreiter» in der Schule einfach nur überflogen und konnte es dann auswendig. Sonst keiner. Deshalb ist es immer was Besonderes, wenn es doch mal losbrummt. «STEFAN» stand auf der Glasscheibe, und ich hatte ein mulmiges Gefühl. «Da gehste einfach nicht ran, Renate», dachte ich bei mir und pfiff ein bisschen vor mich hin, damit ich es nicht so laut brummen hörte. Stefan gab auf. Hihi. Kurz darauf läutete aber das Posttelefon. «Festnetz», sagt man wohl heute. Dabei hat es auch kein Kabel mehr, sondern ist wie ein Händi. Nur ohne Twitter und Fäßbock. Fragen Se mich nicht, ich verstehe den Kram auch nicht. Es ist mir bis heute ein Rätsel, wie das ganze Internetz in so ein kleines Telefon passt. Auf dem Haustelefon steht auch nicht immer, wer anruft, nur manchmal. Ich dachte mir schon, dass es Stefan ist, aber man weiß ja nie. Es hätte genauso gut Ilse sein können oder Gertrud. Oder jemand vom Witwenclub oder vom Seniorenverein ... nicht, dass jemand für unsere Wanderung absagen wollte? Nee, ich musste schon drangehen.

«Bergmann, Berlin 68–90–34», meldete ich mich.

Stefan rief gleich, ob ich wohl spinne.

Ohne Gruß, kein «Hallo, Tante Renate, wie geht es uns denn heute?», nichts. Stattdessen schrie er, ob mich alle guten Geister verlassen hätten und warum ich ihn bis auf die Knochen blamieren würde. Er holte kurz Luft, und dann ging es schon weiter. Er wollte Kirsten einschalten, meine Tochter. Entmündigung und Heim und solche bösen Sachen sagte er. Ich kam gar nicht zu Wort.

«Renate», dachte ich, «lass ihn erst mal fertig toben. Ihm jetzt ins Wort zu fallen, bringt gar nichts.»

Ich war mit seinem Opa Otto zehn Jahre verheiratet, ich weiß, wie man mit den Männern in dieser Familie umgehen muss. Genauso kam es, Stefan hatte sein Pulver schnell verschossen und war nach nur zwei Minuten still.

«Stefan, mein Junge, ich komme am besten heute nach dem Mittagsschlaf auf eine Tasse Tee vorbei. Tante Renate meint es doch nur gut!» Stefan überlegte kurz und sagte dann, ich solle dranbleiben. Er stellte mir Wartemusik auf die Ohren. So Hippiezeuchs, nee. Ich habe aufgelegt. Ich bin 82 Jahre alt, da muss ich nicht warten (außer auf den Tod), und schon gar nicht muss ich Hottentottengedudel zum Warten anhören. Nicht mit Renate Bergmann!

Kaum fünf Minuten später läutete das Telefon wieder. Es war Stefan, genau, wie ich es mir gedacht hatte. «Warum legst du denn auf? Ich musste nur kurz rückfragen, ob das passt mit dem Kaffee ...» – «Tee!», fiel ich ihm ins

Wort. «Tee. Ich darf nachmittags …» – «Jaja. Nachmittags keinen Bohnenkaffee, ich weiß. Tee. Aber in Ordnung, heute Nachmittag um drei, Tante Renate.»

«Ich bin pünktlich, mein Junge. Aber sag mal, bei wem musstest du denn nachfr…?»

«Tüüüt, tüüüt, tüüüt …»

Hat der Lauser doch aufgelegt? Einfach so, mitten im Gespräch? Ohne meine Frage abzuwarten? Da stimmte doch was nicht. So war Stefan sonst nicht, er war ein guter Junge!

Ich war so neugierig! Also, neugierig ist das falsche Wort. Das klingt immer so nach tratschender oller Frau. Sagen wir eher, es interessierte mich brennend.

Ich konnte vor … Interesse gar nicht schlafen und wälzte mich auf dem Sofa nur hin und her. Mittagsschlaf mache ich immer auf der Couch in der Wohnstube, müssense wissen. In die Schlafstube gehe ich erst abends. Das würde zu viel Arbeit machen, die Paradekissen und die Tagesdecke runterzuräumen wegen der knappen Stunde, die ich mittags ruhe. Mittags brauche ich auch keine Heizdecke, da ziehe ich mich auch nicht komplett aus. Nur den Rock, die Brille und die Schuhe lege ich ab. Und die Zähne kommen natürlich raus, ach, sonst verrutschen die nur, und man verschluckt sich. Nee, da bin ich vorsichtig, Gerda Pittert wäre fast erstickt damals an ihrer eigenen Prothese im Schlaf. Die Zähne kommen ins Glas mit einer halben Tablette Sprudelreiniger, wie sich das gehört. Wenn man zu lange Mittagsschlaf macht, wird man ganz rammdösig. Mir reicht ein gutes halbes Stündchen. Ein bisschen muss man ruhen, erstens geht der Tag dann schneller rum, und zweitens meckern die Dokters sonst. Ich schlafe immer nach dem Mittagessen, zu «Rote Rosen» brühe ich mir Pfefferminztee oder einen Schonkaffee, und dann gucke ich. Sonst komme ich abends gar nicht in den Schlaf.

Aber heute drehte ich mich von einer Seite auf die andere. Es ließ mir schlichtweg keine Ruhe, bei wem Stefan wohl rückfragen musste, ob es passt, wenn seine Tante ihn besuchen kommt. So was war doch noch nie! Um das Donnerwetter wegen dem RTL und der Schwiegertochtersuche machte ich mir keine Gedanken, da war ich schon mit ganz anderem Ärger fertiggeworden. Schließlich meinte ich es nur gut, das wusste Stefan im Grunde doch ganz genau. Ich grübelte hin und her. Nicht, dass der sich hinter meinem Rücken eine Reinemachefrau zugelegt hatte und das Weibsbild da noch in der Wohnung war? Sicher, es wurde zunehmend beschwerlich, mit dem Staubsauger in der U-Bahn zu ihm zu fahren und «klar Schiff» zu machen, aber für Stefan mache ich das gern. Oder dass einer seiner Freunde, die immer zum Computerbasteln bis in die Nacht kommen, vielleicht doch nicht nur ein Kumpel war und jetzt … Heutzutage ist das ja alles nicht mehr so eng, da ist das ganz normal mit zwei Männern.

«Eine Freundin …» – schoss mir ein Gedanke in den Kopf. Er würde doch wohl nicht …?

Mir wurde schon bei dem Gedanken ganz warm ums Herz. Ach, wenn es doch nur so wäre! Mich hielt es nicht mehr auf der Couch, ich stand auf, frisierte mich, zog eine besonders hübsche Bluse an und holte ein paar Stücken Streuselkuchen aus dem Frierer. Als gute Hausfrau hat man das ja immer parat, wissense, die Geldschneiderei beim Bäcker mache ich nicht mit. 1,80 Euro wollen die für ein schmales Stückchen Bienenstich, ich bitte Sie, das sind bald an die vier Mark, beinahe acht Ostmark. Dafür mache ich Ihnen ein ganzes Blech Hefekuchen, was ist denn da schon groß dran? Und dann ist das Zeug vom Bäcker meist auch noch trocken. Das ist doch keine Arbeit, den backe ich, schneide ihn in Portionen und froste ihn ein, da hat man immer was da. Ich hatte sogar noch ein paar Stückchen Buttercremetorte, die hatte ich auf der Beerdigung von Annegret Gerber mitgenomm... also, die waren übrig geblieben, und ich hatte zufällig eine Tupperdose in der Handtasche gehabt. Es wäre ein Jammer gewesen, wenn das umkommt, nich? Heutzutage isst doch kaum noch jemand was, alle wollen sie nur eine schlanke Linie, und wenn sie ein halbes Pfund mehr auf den Rippen haben, werden sie gleich panisch und machen Diät.

Ich machte mir noch zwei «Pffft» Parföng hinter die Ohren, aber nicht so schweres. Das frische, das mir Gertruds Enkelin geschenkt hat, weil ihr Freund es nicht mochte. Es riecht ein bisschen nach Kaugummi, aber den jungen Leuten gefällt es. Nun ja. Ich rechnete fest damit, dass Stefan mir eine junge Dame vorstellte. So was habe ich im Gespür. Da will man schließlich einen guten Eindruck machen. Ich machte mich also hübsch frisiert und fein duftend mit meinem Kuchen auf den Weg. Nur zwei Stunden zu früh, hihi.

Kurz nachdem ich bei Stefan geschellt hatte, öffnete er die Tür – die Hand um die Hüfte einer jungen Frau gelegt!

Sie können sich nicht denken, wie ich mich freute. Ich musste die Brille abnehmen und ein Tränchen wegwischen. Nach all den Jahren! Ich hatte die Hoffnung schon fast aufgegeben, und nun hatte der Junge eine Freundin! In meinem Kopf ging ich schon die Konsequenzen durch, aber zunächst trat ich ein und legte ab.

«Das ist Ariane. Die ist jetzt meine Freundin», stellte er mir das Mädchen knapp vor, während er sich ein bisschen schüchtern am Hemd nestelte und die Ariane an sich drückte. Es war typisch Stefan. Bloß kein Wort zu viel! Sie streckte mir die Hand hin, lächelte und sagte: «Tach, Frau Bergmann. Wollen wa ‹du› sagen, Tante Renate?» Also so was! Wissense, in meiner Generation geht man nicht so leicht zum Du über. Ich bin so erzogen, dass man Älteren gegenüber Respekt zeigt. Manche Damen aus meiner Seniorengruppe kennen sich seit über 60 Jahren und siezen sich noch immer. Frau Hahn und Frau Becker zum Bespiel. Sie wohnen im gleichen Haus und harken und gießen ihre Männer auch gemeinsam alle zwei Tage, aber sie siezen sich.

Mein Blick muss der Ariane Angst eingeflößt haben, sie war jedenfalls eingeschüchtert und sprach das Thema mit dem «Du» monatelang nicht mehr an. Jetzt verschwand sie in die Küche, klapperte herum und rief laut: «Ich mache mal Kaffee.»

Ich inspizierte aus dem Augenwinkel die Wohnung. Viel hatte sich nicht geändert, seit ich das letzte Mal hier gewesen war. Es war weder aufgeräumt noch geputzt. Der Tisch war nicht gedeckt, obwohl man mich doch erwartet hatte. Ich sah schon, dass mein Einsatz gefragt war. Nicht nur kurzfristig, um die Wohnung in einen sauberen und ordentlichen Zustand zu bringen, sondern auch, was die hauswirtschaftliche Ausbildung von Fräulein Ariane betraf. «Aber Gemach, ein Schritt nach dem anderen, Renate!», dachte ich bei mir. Ich atmete tief durch, ließ mir eine Mülltüte geben und räumte leere Kartons von altem Pizza vom Couchtisch. Einen Esstisch hat Stefan ja nicht, aber wenn man seine Mahlzeiten aus Pappkisten isst oder aus Plastebechern, braucht man das wohl auch nicht. Nun ja. Es sind andere Zeiten. Früher hätte es das nicht gegeben, aber man muss sich anpassen.

Stefan rief die ganze Zeit dazwischen: «Nicht, Tante Renate! Nicht DEN Karton! Das ist ein Router.» Oder «Pass bloß mit dem Kabel auf!» und «Finger weg von der Verteilerdose!».

Verteilerdose. So ein Quatsch. Er hatte nicht mal eine Zuckerdose auf dem Tisch stehen, und eine Rute lag da auch nicht. Ich stellte mich taub und räumte auf; wissense, es tat wirklich not. Zwei volle Mülltüten später kam das Fräulein Ariane wieder ins Wohnzimmer. Sie trug drei Teller in der einen Hand und drei Löffel in der anderen. Keine Kuchengabeln, keine gestärkten Servietten. Nun ja.

«Nee, Fräulein, jetzt holen Sie mir erst mal handwarmes Wasser und einen Wischlappen. So können wir von dem Tisch nicht essen.» Meine Anweisungen waren klar und deutlich, aber statt in die Küche zu gehen, entgegnete sie mir: «Wir essen ja auch von den Tellern und nicht vom Tisch!»

Mir blieb die Luft weg. «Jetzt reiß dich bloß zusammen, Renate», sagte ich mir im Stillen. Ich wollte keinen Ärger, aber das konnte ich nicht auf mir sitzenlassen. Das Fräulein Ariane schob schnell ein gemurmeltes «Entschuldigung» nach; ich weiß nicht, ob nicht sonst Frau Dokter Bürgel hätte kommen müssen wegen Blutdruck. Die junge, nun, Dame machte jedenfalls auf dem Absatz kehrt, ging in die Küche und brachte einen sauberen Lappen und Wasser mit Fit drin. Man konnte nicht meckern. Der Wille war da, man musste nur ein bisschen an den Manieren arbeiten.

Es wurde Zeit, das Mädel etwas genauer unter die Lupe zu nehmen. Sie war um die 30, hatte fahle, etwas trockene Haut und dunkles, gelocktes Haar. Sie trug eine Brille aus dickem schwarzem Horn und hatte eine hübsche Figur. Das Beckenmaß schätzte ich so ein, dass dem Kinderkriegen nichts im Wege stand. Die Fingernägel waren kurz und abgeknabbert, die Hände deuteten nicht darauf, dass sie häufig im Spülwasser waren. Wenigstens hatte sie nicht solche bunten Plastekrallen mit glitzernden Marienkäfern drauf. Ihre Zähne waren auch in Ordnung, soweit ich das auf den ersten Blick sehen konnte.

«Wo stammen Sie denn her? Was machen Sie beruflich? Und der Vati, was arbeitet der?» Bei der gemeinsamen Hausarbeit kann man die wichtigen Fragen so ganz beiläufig in das Gespräch einfließen lassen, ohne neugierig zu wirken. Ich kenne mich aus.

Ariane war aus Leipzig. Sie studierte irgendwas mit Computer, Infomatismus oder so. Sie war ein Jahr jünger als Stefan, und sie hatten sich im Internetz kennengelernt. Der Vater war ein «von» und hatte in Leipzig einen Sanitärhandel, und die Mutti arbeitete mit im Laden. Die Mutter war eine geborene Lützenschneit, was mir nichts sagte, obwohl ein Onkel von ihr vormals eine Bäckerei in Berlin gehabt haben soll, in Lichtenrade. Ich würde Ilse fragen müssen, sie konnte sich vielleicht noch darauf entsinnen. Nein, ich musste zugeben, Ariane kam aus gutem Hause und machte einen freundlichen Eindruck. Als wir beide die erste Nervosität abgelegt hatten, plauderten wir ganz prima von Frau zu Frau. Sie fand den kleinen Georg, den Nachwuchs von Prinzessin Kät und dem William, genauso entzückend wie ich. Ich muss zugeben, damit hatte sie mein Herz erobert. Nachdem wir gemeinsam den Tisch gereinigt und gedeckt hatten und auch die Couch und die Sessel vom herumliegenden Plunder befreit hatten, setzten wir uns an die Kaffeetafel. Über die Tischmanieren schweige ich besser. Nee! Sie saß im Schneidersitz auf dem Sessel, die Füße hingen fast auf den Tisch, und sie leckte sich die Finger beim Essen ab. «Ach, Stefan, was hast du dir da nur ausgesucht …?», dachte ich bei mir, als ich vom Kaffee probierte. Immerhin, der war in Ordnung. Aus der Maschine zwar, nicht handgebrüht, aber in Ordnung. Ich verlangte extra keinen Tee. Wer weiß, was sie da erst hätte abwaschen müssen. Trotz guter Ansätze sah ich viel Arbeit auf mich zukommen.

Ich wollte die Gastfreundschaft des jungen Glücks nicht überstrapazieren und machte mich nach einer Stunde wieder auf den Weg. Man will ja nicht aufdringlich wirken, und für ein erstes Kennenlernen langte das allemal. Natürlich ging ich nicht, ohne Ariane und Stefan zu mir einzuladen. Man durfte den frisch gesponnenen Faden nicht gleich wieder fallen lassen, wissense, wenn das etwas Ernstes würde mit den beiden – die Ausbildung zur guten Hausfrau duldete keinen Aufschub mehr.

Am nächsten Tag machte ich mir mittags Pfannkuchen. Was soll man denn auch immer essen, nich? Jeden Tag Fleisch muss nicht sein, und in meinem Alter lässt auch der Appetit nach. Da sind Pfannkuchen was Feines: leicht und doch nahrhaft, und sie liegen nicht so schwer im Magen. Man muss den Teig schön kräftig schlagen, sonst gibt es Klümpchen. Immer gelingt er nicht, doch an dem Tag schlug er sogar Blasen. Ich musste lächeln und an meine Mutter denken. Die hat immer gesagt: «Wenn der Pfannkuchenteig Blasen schlägt, steht eine Hochzeit ins Haus.» Bei Otto und mir war es auch so. Kaum, dass wir uns das erste Mal gesehen hatten, schlug der Pfannkuchenteig Blasen, und Mutter rief, nun müssten wir heiraten, es wäre eine Prophezeiung. So, wie die Ehe mit Otto dann ablief, glaube ich bis heute, dass sie mit Sprudelwasser beim Pfannkuchenteig nachgeholfen hat. Manchmal denke ich, meine Tochter Kirsten hat ihren Hang zur Spinnerei von meiner Mutter. Es überspringt eben hin und wieder eine Generation. Aber dass der Pfannkuchenteig jetzt wieder Blasen schlug, das war ein Zeichen.

In den nächsten paar Wochen entwickelte sich alles prächtig und ganz nach meinem Geschmack, Stefan und Ariane besuchten mich hin und wieder und machten einen glücklichen Eindruck. Sie luden mich sogar zum Einkaufsbummel ein! Mein Händi musste eine neue Hülle kriegen, und da bin ich froh, wenn Stefan mich berät. Wie schnell hat man was Falsches gekauft, und es passt nicht, oder das Fotoapparats-Loch ist verdeckt. Es gibt ja tausend Modelle. Und dann machen die Ärger mit dem Umtauschen, wenn es nicht passt. Nee, nee. Da gehe ich lieber mit Stefan, man muss Hilfe auch annehmen in meinem Alter. Außerdem freut es den Jungen ja auch, wenn er mit seiner Tante was unternehmen kann. Wir hatten bald alles erledigt und eine hübsche Hülle aus beigefarbenem Leder gefunden – sehr gediegen. Ariane meinte, wir müssten noch einen Kaffee trinken, und was glauben Sie, mir wurde ganz warm ums Herz. Dass die jungen Leute einen akzeptieren, das ist nicht selbstverständlich. Da kenne ich auch andere Fälle, da sind die Kinder oder Enkel froh, wenn sie die Alten von hinten sehen, sobald sie das Taschengeld eingestrichen haben. Wenn der Jonas, der Enkel von Ilse und Kurt, also wenn der an Weihnachten oder am Geburtstag mal vorbeischaut, dann ist das schon viel. Und selbst dann ist er ruck, zuck zu seinen Kumpels verschwunden, sobald Ilse ihm den Zehner zugesteckt hat. Man darf es nicht übertreiben und sich nicht aufdrängen, sage ich immer, dann kommen sie auch gern auf einen zu. Wie die alten Chinesen schon sagten – oder war es Goethe? – jedenfalls jemand, der das Leben verstanden hat: «Wenn die Kinder klein sind, gib ihnen

Wurzeln. Wenn sie groß sind, gib ihnen Flügel.» Oder eben ein bisschen Geld.

Wir gingen in ein Geschäft, wo eine lange Schlange war und es fein nach Kaffee duftete. Ach, mir lief schon das Wasser im Mund zusammen. Ich konnte aber nirgends Tische sehen, nur am Fenster war eine Bank und so hohe Hocker. Kaffee wollten wir trinken, so war die Einladung – und nun stand ich hier in einer Schlange mit lauter Lümmeln und Rüpeln, die sich Getränke in Pappbechern bestellten. Mir wurde ganz mulmig, die sprachen auch eine ganz komische Sprache. Eine «Latte mit Ventil» hat einer bestellt. Nee. Man konnte nur den Kopf schütteln. Als ich dran war, sagte ich: «Einen Kaffee, bitte», wie es sich gehört. Der junge Mann – lassen Sie ihn höchstens 20 Jahre alt gewesen sein – lächelte und fragte mich tausend Sachen. Ob groß, doppelt gebrannt – nee, geröstet, glaub ich, gebrannt wäre ja Korn –, ob zum Mitnehmen oder ach, hörense bloß auf. Ich sagte: «Nur einen kleinen und kein Kännchen, denn ich hab den Blutdruck hoch, und groß sitzen kann man bei Ihnen ja auch nicht», aber da hörte er schon gar nicht mehr hin und fragte noch viel mehr. Er murmelte was von «Schonkaffee» oder «schonend gedünstet», ich weiß das nicht mehr so genau. Das ging alles so schnell! Ich sagte nur noch «Jaja» und lächelte. Wenn ich etwas nicht verstehe, dann lächle ich immer, und wenn die Situation komisch ist, nicke ich mit dem Kopf und sage «Jaja». Damit kommt man meist prima durch. Die meisten halten einen alten Menschen doch sowieso für plemplem oder taub. Ich sollte 4,70 Euro bezahlen. VIER EURO SIEBZIG. Auf einmal fragte der mich, wie ich heiße. Nun wurde es mir doch zu bunt. «Wird das denn jetzt registriert und gemeldet, wer welchen Kaffee trinkt?», dachte ich bei mir. Man hört so viel über Datensammeln und solche Dinge, nicht, dass die Meldung machten an Frau Doktor! Wenn die das erfährt, dass ich nachmittags Bohnenkaffee trinke, dann gibt das nur wieder eine Diskussion. Nicht auszudenken! Sie schimpft schon immer, wenn Gertrud mich verpetzt, dass ich ab und an keine Mittagsruhe halte. Es ging dann alles recht schnell, man schob mich weiter, und ein lächelndes Mädel rief: «Renate?», klapperte mit ihren bunten Augendeckeln und drückte mir einen Pappbecher in die Hand, wohl bald so groß wie eine Flasche Fliegenspray.

Es war kochend heiß und roch wie die Haarwäsche mit Kokos, die mir Kirsten an Weihnachten geschenkt hatte. Stefan und Ariane hatten auch solche Becher und wollten gleich losrennen auf die Straße, aber das passte mir gar nicht. Ich renne doch nicht mit dem Pappdingens umher! Heiß, wie das ist, verbrühe ich mich noch, und dann stößt man irgendwo an und verplempert die Hälfte vom edlen Tröpfchen. Oder man bekleckert sich noch die guten Sachen? Nee, das kam nicht in Frage. Ich wollte mich in Ruhe hinsetzen und meinen Kaffee trinken. Für

4,70 Euro, nee, wissense, da habe ich doch die Miete für den Stuhl mitbezahlt, und das wohl für einen ganzen Monat. Stefan gab mir einen Schubs und half mir, auf den hohen Hocker zu klettern. Er fasste mich an die Hüfte, und ich musste so lachen, dass ich die Handtasche fallen ließ. Ich bin doch so kitzelig! Ariane bückte sich gleich nach der Tasche und hob sie auf, so musste ich nicht noch mal runter. Ach, ich muss sagen, jetzt, wo ich erst mal oben war, war es recht nett. Man hatte durch das Schaufenster einen schönen Blick in die Fußgängerzone, und im Hintergrund lief leise Klaviermusik. Nicht so aufdringliches Gebumse, nee, sehr nett. Wir konnten uns gut unterhalten, und Stefan half mir, die neue Hülle über das Händi zu ziehen. Ich kostete vorsichtig den Kaffee, der ja mittlerweile schon abgekühlt war, und er schmeckte gar nicht schlecht. Ein bisschen wie der Likör, den Gertrud auf den Eisbecher gegossen hatte an Pfingsten. Ich nippte in ganz kleinen Schlucken vom Kaffee, schließlich war der so teuer, den musste man genießen. Außerdem merkte ich nach der Hälfte schon, wie mein Herz anfing zu rasen, das war bestimmt kein Schonkaffee. Schonende Dünstung. So ein Quatsch!

Neben uns saß eine junge Frau, die laut telefonierte. Ich guckte vorwurfsvoll zu ihr rüber, aber das störte die gar nicht. Das ist auch so eine Unsitte geworden, dass die Leute im Restaurant oder auch im Bus laut telefonieren. Da wird alles hemmungslos diskutiert. Nicht nur, was es abends zu essen gibt, nein, die reden auch darüber, wie es in der Ehe steht oder ob man sich trennen soll. Kopf schütteln oder böse gucken nützt da aber nichts, davon lassen die sich gar nicht stören. Auch nicht, wenn man sich aufregt. Deshalb bin ich dazu übergegangen, einfach Zwischenfragen zu stellen. Was meinen Sie, wie schnell die Dame auflegte, als ich ihr auf die Schulter getippt und «Ich würde ihn auch rausschmeißen, wenn er im Bett nichts taugt» zugeraunt hatte. Einen ganz roten Kopf hat sie gekriegt und das Gespräch beendet. Das ist eigentlich nicht meine Art, aber was soll man machen?

Keine Woche später schellte Stefan an meiner Tür und schlich sich ganz verstohlen rein. Ich hatte gleich so ein komisches Gefühl und ging mit ihm in die Küche. Wissense, die wichtigsten Gespräche in meinem Leben habe ich alle in der Küche geführt. In der Küche hat mir Mutter den Unterschied zwischen Jungen und Mädchen erklärt, in der Küche haben mir zwei meiner Männer die Heiratsanträge gemacht, und es war auch in der Küche, wo Wilhelm und ich ... also, wir sind ja alle keine Pastorentöchter, nich? Jawoll, Kirsten ist auf dem Küchentisch entstanden. Damals waren die Möbel ja noch viel stabiler, nicht aus diesem Schwedenplaste.

«Tante Renate», sagte Stefan, schaute mich ernst an und fuhr fort: «Jetzt setz dich erst mal hin.»

Ach herrje. Man spürt ja, wenn es ernst wird. Hier lag etwas in der Luft, und es ging nicht nur darum, dass er über meinen Korn reden wollte oder dass das Onlein teurer wird oder dass sich der olle Wausert beschwert hatte, weil ich ihm einen Korken in den Auspuff gesteckt habe. In Stefans Augen war so ein Glitzern. Es kribbelte bei mir fast ein bisschen, so nervös war ich.

«Tante Renate, Ariane und ich wollen heiraten.»
Ach du liebes bisschen.
«Wievielter Monat?», entfuhr es mir.
«Aber wie kommst du denn …?»
«Wievielter Monat?»
Ich bin zwar alt, aber nicht blöd.
«Mach deiner alten Tante nichts vor, komm, raus mit der Sprache!»
«Elfte Woche», antwortete Stefan kleinlaut.
Erst jetzt wich meine Überraschung der Freude, und ich muss zugeben, ich brauchte einen Moment, mich daran zu gewöhnen, und drückte den Jungen und gratulierte ihm. Das war dann doch alles sehr schnell gegangen, dachte ich. Erst hat der Junge jahrelang gar keine Freundin und dann gleich Kind und heiraten, hopplahopp? Eigentlich wäre die Zeit für meinen Tee ran gewesen, aber die Situation erforderte einen Kaffee, Frau Doktors Geschimpfe hin oder her. Ich brühte uns eine schöne Tasse Bohnenkaffee, da redet es sich doch gleich viel besser. Stefan atmete tief durch und fing an zu erzählen. Ich mache das hier mal kurz für Sie, wissense, man kennt das ja bei Männern, man muss ihnen jedes Wort aus der Nase ziehen. Wir saßen bald an die drei Stunden zusammen, und letztendlich waren es nur ein paar Sätze, die wichtig waren. Die machen es aber auch immer kompliziert! Also, passense auf, das kam so:

Dass Stefan die Ariane so schnell heiraten musste, daran ist im Grunde genommen Kirsten schuld. Sie glauben es nicht, wie naiv die jungen Leute heutzutage doch sind! Als Kirsten mich in Berlin besucht hatte, wollte sie natürlich Stefans Freundin kennenlernen. Sie ist neugierig wie eine alte Frau und erzählt mir stundenlang, dass die Frau vom Fleischer bei ihr in Brunsköngel was mit dem Sohn vom alten Holpert hat. Woher die das weiß, frage ich mich. Als ob die zum Fleischer geht, sie isst doch nur Kohl und Gemüse?! Aber vielleicht kauft sie Schabefleisch für die Katzen, man weiß bei ihr nie. Es kann auch sein, die alte Frau Götze hat es ihr erzählt, die wäscht in Brunsköngel die Leichen und macht sie friedhofsfertig, wenn jemand ... geht. Und sie macht auch die Fleischbeschau bei Hausschlachtungen. Wenn es ums Getratsche geht, ist meine Kirsten nicht zu bremsen, da ist sie noch schlimmer als Gertrud. Sie hat der Ariane gleich die Zukunft gelegt mit ihren Tarotkarten und dem ganzen Humbug und dem Mädel auch aus der Hand gelesen. Wenn sie jemanden neu trifft, macht sie das immer, die Leute wissen ja anfangs nicht, dass sie nicht ganz rund tickt, und sind erst mal neugierig. Und freundlich und überzeugend ist sie ja, meine Kirsten. Sie hat Ariane erklärt, dass sie keine Kinder bekommen könne, die Lebenslinie würde es genau zeigen. Und eine Tarotstraße noch dazu, die Königin im leeren Haus, ach, man glaubt es nicht! Jedenfalls hat Ariane, das dumme Ding, doch tatsächlich die Pille abgesetzt und war keine vier Wochen danach schwanger. Man konnte nur den Kopf schütteln. Aber so standen die Dinge nun mal, eine Renate Bergmann ist es gewohnt, das Beste aus der Situation zu machen. Es war ja nicht die erste Pralinenhochzeit, die ich miterlebte. Kennense nicht, Pralinenhochzeit? Das sagt man so, wenn die Braut schon eine Füllung hat. Einen kleinen Mitbewohner, wenn Sie verstehen, was ich meine. Dass die beiden überhaupt heiraten wollten, wunderte mich. Heutzutage sind die jungen Leute da doch viel lockerer. Aber Stefan stand zu seiner Verantwortung, und er wollte, dass seine kleine Familie versorgt ist, wenn was passiert, und auch, dass das Kind seinen Namen trägt. Mich freute das sehr. So hatte ich Gelegenheit, mich mal wieder um eine Hochzeit zu kümmern. Stefan war damit komplett überfordert, der hatte so damit zu tun, sich mit dem Gedanken anzufreunden, dass er Papa wird; auf den konnte man nicht bauen. Sie wissen ja, ein Gehirn funktioniert so lange, bis einem die Liebe einen Strich durch die Rechnung macht. Ariane war schwanger und musste sich schonen, die war aus dem Rennen. Und von ihrer Familie war nicht viel zu erwarten. Es waren nette Leute nach allem, was man so hörte und sah, jawoll, da will ich gar nichts sagen. Aber die Ariane konnte nicht mal Mehlschwitze, denken Sie sich das mal. Fast 30 und kennt nicht mal Mehlschwitze! Wenn die ihrer Tochter nicht mal Mehlschwitze beigebracht hatten, ja, sollte ich da etwa erwarten, die können eine Hochzeit organisieren? Aber so sind die jungen Dinger heutzutage; die Woche über essen sie Tütensuppe oder Waffeln mit Kohl drin vom Türken, und am Wochenende wird geschlafen, bis Mittag vorbei ist. Wenn sie dann aufstehen, gucken sie bei Muttern in die Töpfe und essen die Reste. Selber kochen tun die nicht.

Als meine Freundin Gertrud davon erfuhr, dass Ariane schwanger ist, da freute sie sich auch mit und sagte: «Mit 30 wird das aber auch langsam Zeit.» Das brachte mich ins Grübeln. Wissense, die jungen Leute fangen ja immer früher an. Kaum sind sie 14 und im Ausführalter, wollen sie die Pille, aber Kinder kriegen sie erst mit Mitte 30 oder noch später. Wir haben früher mit 17 angefangen, und mit 18 oder 19 waren wir dann aber auch schwanger. Fragense mich nicht, was die da heutzutage so lange üben müssen. Na, im Fall von Stefan und Ariane hat es ja nun mal gleich geklappt, und so wie ich es verstanden habe, war das gar nicht geplant.

Wenn es eine Hochzeit gibt, dann wird mir immer ganz warm ums Herz. Ich rief gleich Ilse an, die musste mir helfen beim Planen. Wir malten uns das alles so schön aus, Ariane mit Schleier und Myrtenkranz und Kirche und Kutsche und Frikassee zum Buffet. Aber dann kam Arianes Mutter ins Spiel. Die Dame sitzt ja in Leipzig, aber will sich in die Hochzeit in Berlin einmischen und einer Renate Bergmann in die Geschäfte fummeln. Na, die sollte mich aber kennenlernen! Extra angebraust kam sie mit dem Auto, streckte mir die Hand entgegen, lächelte und sagte: «Monika Haufstein von Fürstenberg, ich bin die Mutter von Ariane.» Ich habe genickt und gesagt: «Renate Bergmann von Spandau, ich bin die Tante von Stefan.» Auf solche Etepetete muss man mit Grandezza reagieren, was anderes hilft da gar nicht. Wir haben uns zusammengesetzt. Erst säuselte sie, wie doll sie sich freut, dass es das Mädel so gut getroffen hätte, was für ein prima Kerl der Stefan wäre und wie nett und ordentlich ich sei. Auf gut Wetter wollte sie machen, mir macht doch keiner was vor. Und als ich ihr gerade das zweite Stückchen Bienenstich auf den Teller hob, ließ sie die Katze aus dem Sack: «Frau Bergmann, wir sollten uns nicht mit einer Feier dieser Größenordnung rumärgern. Wir engagieren einfach einen Wedding-Planer, der macht das dann.»

Ich musste mich erst mal setzen. Eigentlich hätte ich einen Korn gebraucht, aber nun, es war ja Besuch im Haus, und da will man ja keinen schlechten Eindruck machen. Einen Wedding-Planer? Wir wohnten doch in Spandau! Dass sie das nicht wusste, nee. Da konnte man schon sehen, dass das keinen Sinn hatte mit ihr. Ich musste die Dinge an mich nehmen. Ich weiß doch, wie eine Hochzeit geht, ich habe schließlich vier Mal geheiratet. Auf dem Twitter hat neulich einer geschrieben, ich wäre eine Art Lothar Matthäus von Spandau, aber wissense, der Unterschied ist doch: Meine Männer waren immer volljährig!

Frau Monika erklärte mir dann ein bisschen von oben herab, dass sie einen Hochzeitsplaner holen wollte. Na, so weit kam es noch. Ich wusste doch, was wir brauchten! Für das Buffet Waldorfsalat, Budapester Salat, Schinken und Aufschnitt, dazu eine Käseplatte, ein bisschen saures Gemüse, falls einer kein Fleisch isst, einen Käseigel mit Weintrauben und einen Mettigel. Fliegenpilze aus Eiern und Tomatenhäubchen mit Majonäsetupfen, ach, und dann Frikassee und Soljanka. Ich bin doch Expertin, da kenne ich mich aus. Im Grunde hatten alle meine Hochzeiten natürlich nicht viel gemeinsam. Es war immer ein anderes Jahrzehnt, da änderte sich nicht nur die Mode. Gleich war nur, dass Ilse immer meine Brautjungfer war. Heute sagt man ja Trauzeuge. Ilse ist genau die Richtige für diese Aufgabe: Früher war sie ein zartes Blümchen, heute ist sie ein vertrocknetes altes Tantchen. Kurt war auch bei jeder Hochzeit dabei. Bei den beiden ersten Ehen war er sogar mein Hochzeitslader. Kennen Sie überhaupt noch einen Hochzeitslader? Der Hochzeitslader geht von Haus zu Haus und überbringt den Gästen die Einladung persönlich. Das Schwierige an der Aufgabe ist, dass er überall einen Schnaps kriegt. Und da man auf einem Bein nicht stehen kann und wir an die 80 Gäste hatten, könnense sich ja in etwa vorstellen, wie Kurt nach Hause kam. Ilse gab mir die Schuld und war so böse mit mir, dass sie bald drei Wochen nicht mit mir gesprochen hat. Gerade, dass sie auf dem Standesamt unterschrieben hat damals, als ich Wilhelm geheiratet habe. Mit ganz schmalen Lippen und bösem Blick. Vielleicht stand auch deshalb die Ehe mit dem Wilhelm unter keinem guten Stern. Als ich dann Franz heiraten wollte, da verbot sie Kurt ganz entschieden, den Hochzeitslader zu machen. Das war ja auch eine andere Zeit, und Hochzeitslader waren aus der Mode.

Ich habe Ilse jedenfalls gleich angerufen, als feststand, dass wir die Sache mit der Hochzeit selbst in die Hand nehmen. Arianes Fürstenberg'sche Mutter hatte ich im Glauben gelassen, dass ich mir das mit dem Hochzeitsplaner aus Wedding durch den Kopf gehen lassen würde, und sie wieder nach Leipzig zurückgeschickt. Sie war ja so einfältig. Während ich ihr noch freundlich lächelnd hinterherwinkte, wählte ich schon Ilses Nummer. Das ist ja heute schnell gemacht, man muss ja nicht mehr die

Wählscheibe zurückschnarren lassen. Kennen Sie das noch? Ach, was war das immer für ein Ärger! Gerade, wenn es eine lange Nummer war. Wenn man nach Westdeutschland telefonierte zum Beispiel, mit Auslandsvorwahl, und sich dann nach der siebten Zahl verwählt hatte, konnte man wieder von vorne anfangen. Heute ist alles eingespeichert, und man muss nur «ILSE» drücken, und schon wählt das Gerät. Ich freue mich immer wieder aufs Neue über das Interwebs und den Computer und die ganzen neuen Maschinen. Das ist gar nicht so schwierig, man muss nur wissen, wo es an- und ausgeht und wo man speichert. Die tun immer so, als hätten sie die Welt neu erfunden, aber sind wir doch mal ehrlich: Wir hatten früher auch schon eBay, nur war das ohne Computer, und es hieß Kirchenbasar. Und Briefe schreiben ist auch nicht anders als an der Schreibmaschine, nur dass man kein Tipp-Ex braucht und kein Durchschlagpapier, sondern einfach nur auf den Pfeil nach links klopfen muss, dann ist alles weg. Ach, so viel einfacher ist das! Ich verstehe nicht, wie man da Angst vor haben kann. Auch beim Fäßbock. Du lieber Himmel, wie sie alle rumschreien, ihnen würden die Daten geklaut! Na, ich sag mal: Man kann mir nur klauen, was ich auch reinschreibe, und dafür ist ja nun jeder selbst verantwortlich. Nee, das ist schon eine prima Erfindung. Seit die Enkelkinder kein Taschengeld mehr kriegen, lassen die sich bei mir kaum noch blicken. Ich würde gar nichts mehr erfahren, wäre ich nicht mit ihnen beim Fäßbock befreundet. Da stehen Sachen, du liebe Zeit! Die will ich manchmal gar nicht wissen. Neulich haben wir auch Skeip probiert. Das ist ein blaues Zeichen mit einem S auf dem Händi. S für Skeip. Nee, wartense, Skype schreibt man das. Ich muss das schon richtig tippen, sonst schimpft Stefan wieder. Das ist Fernsehtelefonieren. Eine ganz verrückte Sache. Man ruft sich an, aber nicht über Telefon, sondern über Onlein, es kostet nichts, und man kann sich sehen und winken. Es ist eine verrückte Zeit. Was war das früher schön, da bin ich oft ans Telefon, wenn ich die Wickler aufgedreht hatte und die auskühlen mussten. Dann habe ich die Schwägerin in Westdeutschland angerufen. Mich konnte ja keiner sehen mit den Plastedingern auf dem Kopf. Wenn es Zeit wurde zum Ausdrehen, habe ich «So, Hedwig, nun wollen wir es mal nicht so teuer werden lassen, es ist ja schließlich Ferngespräch!» gesagt und aufgelegt. So was könnense heute alles nicht mehr machen. Erstens ist es umsonst wegen Onlein, und zweitens müssen Sie schon fertig frisiert sein, weil man sich ja sieht.

Haben Sie eigentlich auch schon gestutzt, weil hier überall steht, dass ich vier Mal verheiratet gewesen bin? Jawoll! Und ich bin stolz auf jeden Ring, auch wenn ich sie nicht alle trage. Das sähe so protzig aus, und die Kellner erwarten dann ein großes Trinkgeld, nee. Manche Leute gucken ganz komisch, wenn ich sage, dass ich vierfach verwitwet bin. Manche kriegen auch Angst und rutschen gleich ein Stück weg, weil sie sonst was denken. Selbst meine Gertrud hat neulich einen Schreck bekommen, ach, das muss ich Ihnen kurz aufschreiben – Sie haben doch noch einen Moment Zeit?

Es ist ja so: Auf den Gräbern treibt überall anderes

Viehzeug sein Unwesen: bei Otto in Moabit sind Wühlratten, bei Franz ist es schattig und feucht, da zieht es die Schnecken hin. Walter hat Mehltau, und bei Wilhelm sind es die Blattläuse. Nee, ein Theater, sach ich Ihnen. Für alles brauchen Sie ein extra Gift, und das kann man nicht auf dem Friedhof hinterm Grabstein stehenlassen, da wäre es für Kinder zugänglich, und das ist unverantwortlich. Das gibt es nicht mit mir, da ist man verpflichtet, Obacht zu geben. Deshalb steht das Gift bei mir unter der Spüle in der Küche, natürlich ordentlich beschriftet und mit Warnung versehen. Ich habe auf jede Dose den Namen des Mannes geschrieben, dessen Ungeziefer ich damit behandle.

Was meinense, wie Gertrud geguckt hat, als sie das gesehen hat! Wir saßen gerade an der Kaffeetafel, wir hatten ja unser Dienstagskränzchen mit Hilde Schuffert. Gertrud hatte natürlich wieder Norbert mit, obwohl ich das nicht mag. Norbert ist so verwöhnt und ungezogen. Ein richtiger Spielhund ist das, der nicht gehorcht. Dabei ist er so groß und lebhaft und nicht dazu gemacht, auf der Couch zu sitzen. Aber wenigstens ist es ein richtiger Hund und kein Luftzugstopper wie der Dackel von Frau Ficklscherer. Frau Ficklscherer wohnt bei Gertruds Enkelin auf der Etage. Sie ist Ende 70 und hat einen Dackel, der nicht viel jünger ist als sie. Also, in Hundejahren. Man rechnet ja immer Jahre mal sieben, nich? Oder ist das bei Katzen? Ach, es ist ja auch nicht so wichtig, der Dackel ist jedenfalls schon recht alt und nicht mehr gut beieinander. Er sieht schlecht und stößt beim Laufen überall mit der Nase an und mit der Erde auf dem Bauch. Nee, umgekehrt. Deshalb geht Frau Ficklscherer nur bekannte Wege mit ihm. Hunde und ihre Herrchen oder Frauchen ähneln sich ja immer mehr, je älter sie werden, sagt man. Bei den beiden stimmt das. Frau Ficklscherer ist auch eher stabil gebaut. Oft gehen sie nicht mehr raus. Ich glaube, sie haben beide keine Lust. Wenn Frau Ficklscherer die Tür zum Hausflur aufmacht, riecht man das auch. Also, dass der Dackel nicht so oft rauskommt, wie er müsste. Sie verstehen schon. Es geht wohl das eine oder andere Mal was auf den Teppich. Anders kann ich mir den Geruch jedenfalls nicht erklären. Es war ein Fehler von Gertrud, sich Norbert anzuschaffen, aber sie will und will das nicht einsehen. «Er guckte so lieb», sagt sie immer. Ja, die verstehen ihr Geschäft schon bei «Tiere suchen ein Zuhause». Im Grunde muss ich ganz still sein, schließlich war «Er guckte so lieb» damals auch mein Argument, als ich Franz geheiratet habe. Gott sei

Dank ist Gertrud ja jetzt öfter bei Gunter Herbst mit ihm, da kann er jagen und sich richtig müde rennen. In der Stadt tobt und zieht er beim Gassi an Gertrud, sie wird ihm gar nicht Herr. Wie oft ist er schon weggelaufen beim Pischern! Nee, ich sage Ihnen, nichts als Ärger. Gertrud hat ihren Hund, der ihr wegläuft, und Ilse ihren Kurt. Der läuft auch immer weg. Und wenn er nicht wegläuft, schläft er ihr beim Probeliegen im Möbelhaus ein, nee, es ist immer wieder was Neues. Damit er abends nicht so tobt und sich die Nachbarn nicht beschweren, hat Gertrud sich einen Trick einfallen lassen: Er kriegt zum Abendbrot eine halbe Flasche Bier. Dann schläft er besser. Also Norbert, der Hund, nicht Kurt. Ich schimpfe jedes Mal mit Gertrud, wenn sie ihn mitbringt, und würde ihn am liebsten nicht in die Wohnung lassen. Aber wir können ihn nicht mehr im Flur anbinden, seit er meiner Nachbarin, der Berber, ihren Pizza weggefressen hat, den der Lieferbote da abgestellt hatte. Sie glauben nicht, was die für ein Gezeter gemacht hat. Gertrud musste den Pizza bezahlen, es half alles nichts. Deshalb musste Norbert doch mit rein, und es kam, wie es kommen musste – der tobende Köter hat die Tasse umgestoßen und den Kaffee auf den Tisch geplempert. Ich kam so schnell nicht vom Sofa hoch, wo ich nur Platz genommen hatte, weil Hilde Schuffert mit ihrem Rücken auf den Stuhl gehen muss, wo sie etwas höher sitzt. Deshalb lief Gertrud nun in die Küche und suchte nach einem Lappen. «Im Schränkchen unter der Spüle!», rief ich ihr noch nach. Keine Minute später stand sie blass wie eine Wand in der Tür. Sie hatte meine Giftflaschen mit den Namen der Männer drauf gesehen. Sie ahnen es nicht, was die für Augen machte! Ach, was haben wir gelacht, als ich ihr das erklärte, aber ein kleiner Zweifel blieb wohl doch. Sie guckt bis heute komisch und wischt auch meine Tassen erst aus, bevor sie dienstags aus ihnen trinkt. Dabei bin ich so reinlich.

Es stand uns also eine Hochzeit ins Haus, und das ist doch ein Grund zur Freude. So eine große Feier war früher noch was Besonderes, aber heute ist ja immerzu was los. Gefeiert haben wir damals auch, aber nicht so oft. Heute ist ja an jedem Wochenende Tanztee, Rentnerfasching, einer hat Geburtstag oder sonst was. Da sind wir überall dabei, Ilse und ich tanzen so gern. Kurt nicht, der trinkt lieber Bier, aber wenn er erst mal in Schwung kommt, ist er kaum zu bremsen. Den könnense dann nicht mal mit einer Zigarre zurückhalten. Damals, als wir beim Rathausfest auf dem Marktplatz waren, ach, da hätten Sie ihn mal erleben sollen! Es gab eine Blaskapelle mit Herren, die fast alle in Kurts Alter – also Ende 80 – waren. Einen der Tubaspieler hat er sogar gekannt, wobei das bei Kurt auch immer so eine Sache ist. Er glaubt ja immer und überall, Prominente zu erkennen. Aber in dem Fall war er sich ganz sicher: Der Tubaspieler war mal Stadionsprecher beim Elektro Dresden. Dynamo. Wie auch immer. Ilse versuchte Kurt noch abzulenken, aber er war nicht aufzuhalten. Der Dirigent ließ sich jedoch nicht überreden, ihm das Stöckchen zu geben, und deshalb dirigierte Kurt die Kapelle mit einem Schaschlikspieß zu seinem Lieblingsmarsch «Alte Kameraden».

Ach, das war so schön, tanzen kann man ja nicht dazu, aber wir klatschten im Takt und genossen die Sonne und ein Gläschen Erdbeerbowle. Eigentlich drei.

Früher wurden nur die großen Feste wie Hochzeiten gefeiert, und zwei Mal im Jahr war großer Schwof: «Tanz in den Mai» und Erntedankfest. Da gab es dann Tanz mit Kapelle im großen Saal bei Willy Schmack. Das Bier kostete fünfzig Pfennig, denken Se sich das mal. Der Tanz wurde eröffnet vom ollen Willy Schmack, und es wurde am Anfang streng nach Hierarchie getanzt. Der Bauer tanzte mit der Tochter vom Kapellmeister und dann immer die Leiter runter. Kreuzpolka haben wir getanzt, ach, war das schön! Heute wird ja auseinander getanzt und mehr mit den Armen gefuchtelt. Mit den Füßen bleibt man eher auf der Stelle und wippt nur ein bisschen mit dem Po. Ich kenne mich aus, ich war nämlich aus Versehen mal auf so einem Ball für junge Leute. Das erzähle ich Ihnen gleich, immer der Reihe nach. Wo war ich? Ach ja. Ich glaube, das kraftsparende Tanzen kommt daher, dass die jungen Herren heute auch mittanzen wollen, es aber gar nicht können. Es spart Kräfte, und man kommt nicht so aus der Puste. Früher haben die Kavaliere auf dem Ball mehr getrunken und nur dann ein Mädchen zum Tanz geführt, wenn sie auch Absichten hatten. Puste hatten sie da genug. Heute heiraten ja die wenigsten, nur weil sie mal getanzt haben, dafür tanzen sie eben mehr. Und Sie ahnen ja nicht, was die Männer auf so einem Ball gebechert haben! Nee, das waren andere Zeiten. Das ging auch nicht so lange. Wenn es hieß: «Bei Willy Schmack ist Tanz», dann wurde um vier gebadet, dann hat man noch einen Bissen gegessen – ohne Essen ließ mich Mutter nicht aus dem Haus! –, und um sieben des Abends ging es los. Die Kapelle hat meist gegen zwölf Schluss gemacht. Das muss man verstehen. Wie oft bekamen die ein Bier ausgegeben, damit sie den Walzer verlängern, und wissense, so trinkfest, dass die das länger als fünf Stunden durchgehalten hätten, waren die wenigsten. Heute kommt ja alles vom Band und vom Computer, da geht das natürlich länger. Ein Instrument muss da ja keiner mehr können, nur Knöpfe drücken, und nebenbei wird dann geraucht und Gummibärchensaft getrunken, von dem man nicht schlafen kann und ganz hibbelig wird. Manche nehmen auch Drogen, mir muss doch keiner was erzählen. Renate Bergmann ist nicht auf den Kopf gefallen! Spätestens, seit ich von Kirstens selbstgebackenen Keksen gegessen habe, weiß ich Bescheid. Mir ging es gut, ich habe mit meinem verstorbenen Walter durch die Küche getanzt. Aber Kirsten war fix und fertig mit den Nerven und wollte mir im Krankenhaus den Magen auspumpen lassen.

Früher mussten wir am nächsten Morgen um fünf wieder raus, melken und das Vieh versorgen, da war nichts mit «bis in die Puppen schlafen». Wenn ich das heute sehe, wie die Meiser auf Männerjagd geht! Nee. Man kann nur den Kopf schütteln. Wenn ich die Heizdecke einschalte des Abends um acht zum Vorwärmen, da geht die erst ins Bad und fängt an, sich zu bemalen. Einmal haben Gertrud und ich sie sogar getroffen beim Tanz, ach, das war mir so unangenehm. Aber wir sind ja unter uns, ich erzähle es Ihnen kurz:

Gertrud und ich sind oft auf dem Tanznachmittag. Einmal im Monat mindestens, ach, das ist immer schön. Man hat mal eine Abwechslung vom Alltag, und der Kreislauf kommt in Schwung. An dem Freitag hatte ich eigentlich keine Lust. Die Schulter zwickte ein bisschen, aber Gertrud ist ja nicht mit dem Lasso einzufangen, wenn sie hört, dass irgendwo Rex Gildo gespielt wird. Also bin ich mit. Wir haben uns schon ein bisschen gewundert, dass es erst so spät losgehen sollte: «Beginn 20 Uhr» stand auf dem Plakat, da ist der Tanztee sonst immer schon vorbei. Und ganz groß «Mit den besten 80ern». Nun kann ja keiner sagen, dass Gertrud und ich nicht zu den Besten unseres Jahrgangs zählen, immerhin sind wir immer noch da, und man darf da auch nicht zu bescheiden sein. Also sind wir hin. Du liebe Zeit! Nur «Bum, bum» und alles duster. Ich sagte gleich: «Gertrud, wir sind hier falsch, lass uns gehen», aber an der Bar stand die Meiser und grinste ganz frech. Sie hatte uns schon gesehen, ich konnte nicht mehr einfach so gehen. «Frau Meiser, guten Abend … Nu sagense mal, was machen Sie denn beim 80er-Tanz?», begrüßte ich sie. Was hatte die sich aufgebrezelt, nee! Sie ahnen es nicht. Weiße Strumpfhosen und keinen Rock an, stattdessen nur einen dünnen Pulli bis gerade so über den Po. Und tief ausgeschnitten natürlich. Dazu Stöckelschuhe und die Haare hochtoupiert. Die war auf Männerfang, das war ganz klar. Sie hat uns dann erklärt, dass es eine Discoveranstaltung war, wo Musik aus den 80er Jahren gespielt wurde. Nun ja. Das konnten wir schließlich nicht wissen. Hämisch gegrinst hat sie danach wochenlang im

Treppenhaus, sie und die Berber auch. Der wird sie es bestimmt gleich erzählt haben, dass die olle Bergmann auf dem falschen Ball tanzen wollte.

Wenn ich um zehn in die Falle verschwinde, fährt bei ihr oft erst das Taxi vor, und sie macht los. Und dann im Morgengrauen erst nach Hause, ach, hörense mir doch auf. Aber was meinen Sie, was für ein Geschrei die macht, wenn ich im Herbst um sieben mit dem Drahtbesen das Laub vom Pflaster harke. Das ist dann auch nicht recht. Meine Mutter hat immer gesagt: «Wer feiern kann, kann auch arbeiten», und mich spätestens um sechs aus den Federn gejagt. Geschadet hat es mir nicht. Ich habe das mal zur Berber gesagt, als sie aus dem Fenster geblökt hat, ich solle das lassen mit dem Laubfegen. «Frau Meiser», hab ich gesagt, «wer feiern kann, kann auch arbeiten!» Wissense, was das unverschämte Luder mir da geantwortet hat? «Stimmt nicht, wer vögeln kann, kann auch nicht fliegen. Hab ich für Sie getestet, Frau Bergmann!»

DAS hat die mir geantwortet und dann das Fenster mit einem Wums zugedonnert. Ich war sprachlos und musste einen Korn haben auf den Schreck, obwohl es noch nicht mal acht Uhr morgens gewesen ist. Solche Ausdrucksweise! Kinder hätten sie hören können, ihr eigener Jamie-Dieter vorneweg. Aber da sehense am Beispiel mal, was ich meine. Man darf sich aber nicht zu sehr ärgern. Es gibt einfach Menschen, mit denen darf man sich nicht zu lange befassen, das ist nur Zeitverschwendung. Ich gehe dann einfach lächelnd weiter, denke mir meinen Teil und drehe mich noch mal um, um zu gucken, wer mich alles mal kann. Ich werde nicht warm mit dieser Person, auch wenn sie in letzter Zeit freundlich grüßt und einmal sogar ganz manierlich das Treppenhaus geputzt hat. Aber das war nur, weil ein Kavalier kam zum Übernachten. Ich habe es genau gesehen, er kam am frühen Abend. Morgens standen seine Schuhe noch immer im Hausflur. Herrenslipper, in Schwarz. Größe 44 aus Lederersatz. Sagt Ihnen das was, kennen Sie den Mann? Durch ihr Wohnstubenfenster sah man nichts vom Balkon aus, sie müssen in der Schlafstube gewesen sein. Man hörte aber nichts. Nicht wie damals, als ich den Notarzt gerufen habe, weil ich dachte, sie hat Asthma, und dann hatte sie nur einen Kerl bei sich.

Wie soll bei so einer Mutter aus dem Jamie-Dieter mal was werden?, frage ich. Es geht mich ja nichts an, aber man macht sich eben doch seine Gedanken. Das Kind sitzt den ganzen Tag vor dem Computer und macht Schießspiele, und die Mutter poussiert mit Männern rum und kümmert sich nicht. Wir haben auch nicht ständig mit den Kindern spielen können, aber wir hatten doch ein Auge drauf und haben darauf geachtet, dass sie keinen Blödsinn machen und womit sie spielen. Meine Kirsten kriegte morgens ihr Löffelchen Sanostol und kam in den Laufstall, und die ersten beiden Sommer hat sie darin verbracht, bei schönem Wetter auch draußen auf dem Rasen. Ich konnte nicht ständig hinterherrennen; alle paar Stunden habe ich aus dem Fenster geguckt, ob sie noch brav ist. Später durfte sie dann raus aus dem Laufstall, aber nicht weiter weg als Hörweite. Händis gab es noch nicht. Damals haben die

Kinder nicht gestritten, wer welches Läwell bei Kandiekrasch hat, sondern wer wem wie oft eins mit der Schippe über den Kopf ziehen kann, ohne dass der andere weint. Kirsten hatte auch keine Allergie. Damals wurde nichts abgekocht oder mit Spray für fünf Euro eingesprüht. Wir haben alles sauber abgewaschen und sonnabends wurde gebadet. Wir haben auch nichts desinfiziert, und wir haben trotzdem überlebt. Kirsten hat als Kind Regenwürmer gegessen, nicht weil sie Hunger hatte, sondern weil sie gespielt hat und eigene Erfahrungen gemacht hat. Ihre Erfahrung war: schmeckt nicht. Heute ballern sie doch nur mit dem Händi, und wenn der Strom alle ist, also der Batterie, dann ist ein Geschrei. Bei uns waren auch immer Nachbarskinder und Freunde von Kirsten zum Spielen zu Hause. Damals hat keiner Theater geschlagen wegen der Aufsichtspflicht. Heute könnense ja nicht mal ein anderes Kind im Auto mitnehmen wegen der Versicherung, und wenn, dann lassen sich die Eltern was unterschreiben. Ganz furchtbar, aber es muss wohl sein. Wenn ich bei Ilse zu Hause war und wir gespielt haben auf der Wiese, dann rief die Mutter alle paar Stunden mal aus dem Fenster, wir sollen keine Dummheiten machen. Dann nickten wir brav mit dem Kopf, und dann war es auch wieder gut mit der Aufsicht und der Pädagogik. Und trotzdem ist was aus uns geworden! Wir haben in Ruhe weiter die Hühner gebürstet und ihnen Haarkämme in die Federn geknüppert. Heute haben sie allenthalben Allergie und vertragen was nicht. Letztes Jahr an diesem Amifeiertag, herrje, jetzt weiß ich das Wort nicht … da, wo die Kinder immer klingeln und einen erschrecken und dann was Süßes wollen ... Halloween! Genau, letztes Jahr an Halloween, da klingelt eine Horde Kinder und brüllt, dass sie sauer werden, wenn sie nichts Süßes kriegen. Vor ein paar Jahren gab es so was hier ja noch nicht, aber es wird jedes Jahr mehr, und mittlerweile habe ich auch eine Schale stehen und lasse die Kinder reingreifen. Sie glauben es ja nicht, was die rummäkeln! Der eine Untersetzte schrie gleich, er wäre auf Diät und ob ich einen Apfel hätte. Da kreischte das Mädchen links, die mit den Zöpfen, dass sie Kernobstallergie hat und sie lieber einen Keks will. Von hinten schaltete sich die Mutter ein und sagte, dass ihr Torben Lacktose hat und nur Kekse darf, wenn keine Milch drin ist. Nee. Ich habe die Tür gleich wieder zugemacht. Die spinnen doch! Dann gab es eben nichts. Was haben wir uns früher über ein Bonbon gefreut, und heute kommen die mit so was. Allergie! Verwöhnt sind die, weiter nichts.

Die Hochzeitsvorbereitungen liefen auf Hochtouren. Ariane kam zwei Mal die Woche nach der Vorlesung an ihrer Uni vorbei, und Ilse und ich gaben ihr die wichtigsten Dinge mit auf den Weg, die eine Ehefrau und werdende Mutter wissen muss. Wir waren auf der Bräuteschule und haben noch das Fundament mitbekommen, auf das eine Hausfrau eine gute Ehe aufbauen kann. Arianes Mutter hatte komplett versagt, das muss man so offen sagen. Sie hatte sich offenbar mehr um ihr Geschäft gekümmert als um die Erziehung der Tochter. Die emanzipieren sich ja heute alle. Sollen se! Eine Renate Bergmann ist auch eine starke Frau. Aber wenn das so endet, dass das Kind nicht mal ein Huhn ausnehmen kann, nicht weiß, wie man einen Hemdkragen ordentlich bügelt, und keine Ahnung davon hat, dass man ordentliches Schrankpapier in die Schubfächer legen muss – nee, also, da muss man doch eingreifen. Ilse und ich fingen mit den Grundlagen an, mit so einfachen Sachen wie Kartoffeln schälen. Sie ahnen ja nicht, wie Ariane das Messer hielt! Man musste um das Kind fürchten. Beim Wäscheplätten stellte sie sich leidlich geschickt an, aber was Backen betrifft, gab es deutliche Schwachpunkte. Wir brachten ihr bei, wie man eine Tafel anständig eindeckt, welches Besteck wo hingehört, und halfen ihr auch, eine Erstausstattung für das Baby zusammenzustellen. Eine Aussteuertruhe hatte sie natürlich auch nicht. Als ich sie danach fragte, guckte sie mich völlig verstört an. Sie hatte noch nie etwas davon gehört. Sie brachte keine Tischwäsche mit in die Ehe, keine Handtücher, nichts. Aber wir machten auch Fortschritte. Ilse als pensionierte Lehrerin hatte wirklich viel Geduld mit Ariane, eine Eigenschaft, die mir ehrlich gesagt abgeht. Aber dank Ilses pädagogischem Geschick und ihrer Beharrlichkeit konnte Ariane schon nach zwei Wochen einen passablen Rührkuchen backen. Der war sogar saftiger als der von Ilse. Wir übten auch Fisch ausnehmen, aber wegen der Schwangerschaft wurde Ariane übel. Ilse und ich haben uns beraten und mussten zugestehen, dass man den heute auch schon sehr gut fertig ausgenommen bekommen konnte, deshalb wollten wir das Mädel damit nicht quälen und gingen zu anderen Dingen über. Die Zeit drängte, und wir mussten ja nicht nur die hausfraulichen Fähigkeiten schulen, sondern auch die Hochzeit vorbereiten. Arianes Mutter ließ ich im Glauben, dass das mit dem Hochzeitsplaner gut lief. Oft fragte sie nicht, sie hatte in ihrem Leipzig mit dem Geschäft zu tun und war weit weg.

Als ob eine Renate Bergmann für eine Hochzeit einen Planer braucht, also nee. Wir fingen mit der Gästeliste an, und wie ich es schon geahnt hatte, kannte Ariane nicht mal alle Adressen ihrer Verwandten. Gerade, dass sie die Namen zusammenbekam. «Müssen wir die denn einladen? Ich kenne die doch gar nicht!», fragte das Kind, und wissense – da habe ich mich dann auch lange mit Ilse beraten –, wir haben ihr recht gegeben. Was soll man die ollen Tanten zum Feiern einladen, nur weil man verwandt ist? Das ist ja ein Fest der Kinder für ihre Freunde und die Menschen, die ihnen wichtig sind. Man muss da mit der Zeit gehen. Bei meinen Hochzeiten war das undenkbar, dass ich jemanden aus der Verwandtschaft nicht eingeladen hätte. Und dann saß Tante Meta da, mit ihrem langen schwarzen Rock, die Haare zum Dutt geknotet und guckte griesgrämig. So kam sie schon 1950, als ich Otto geheiratet habe, und so saß sie auch 1991 da, als Walter und ich uns trauten. Die Leute dachten, sie sind auf einer Beerdigung, weil sie da saß in ihrem Schwarz und allen die Stimmung versaute. Außerdem hatte sie so mit Leibwinden zu tun, das war nicht schön. Sie hetzte auch immer gegen meine Männer und erzählte auf der Feier allen, dass das sowieso nicht lange gutgeht und sie nicht die Richtigen für mich wären. Nun, es ging ja auch immer nicht lange, aber nicht, weil sie nicht die Richtigen waren, sondern weil sie weggestorben sind. Aber das ist eine ganz andere Geschichte.

Ilse und ich organisierten alles, was zu einer richtigen Hochzeit dazugehört. Wir kauften auch ein Brautkleid mit Ariane, wobei das Mädel da ganz eigene Vorstellungen hatte und wir sie auch gewähren ließen. Gertrud kennt eine Dame, die ein Fachgeschäft für Brautmoden hat. Sie hat sie des Öfteren in der Hundeschule getroffen, in der sie mit Norbert «Sitz» und «Platz» übt. Es klappt schon ganz prima. Mit Gertrud zumindest, mit Norbert müssen wir noch etwas Geduld haben. Jedenfalls hat Gertrud die Gisela Trumbusch dort kennengelernt, und die hatte ihr Prozente versprochen. Das kann man sich doch nicht entgehen lassen, oder was meinen Sie? Also sind wir los: Gertrud musste mit wegen des Rabatz ... nee, das schreibt man «wegen des Rabatts», oder? Also wegen der Prozente. Ilse war auch unerlässlich, ihr damenhafter, zurückhaltender Geschmack war unbedingt gefragt bei einer so wichtigen Entscheidung. Ich hatte sie bei all meinen vier Kleidern dabei, und erst neulich standen wir wieder vor einem Modell ... Egal! Na, und ich musste auch mit, das verstand sich wohl von selbst, nich wahr? Ariane blies die Backen auf, als wir vor ihr standen, und fragte, ob wir das ernst meinten. Sie sagte dann etwas sehr Hässliches über alte Schachteln, Puffärmel und Schleife am Po, das ich hier nicht wiedergeben kann. Ich wies sie natürlich zurecht. Im Stillen hatte ich ja gehofft, sie würde etwas Ähnliches wählen wie Prinzessin Diana damals, Gott hab sie selig. Aber das war mit Puffärmeln, und deshalb musste ich mich von dem Traum wohl verabschieden. Gesagt habe ich nichts. Eine Renate Bergmann weiß sehr wohl, wenn eine Schlacht verloren ist. Als wir in den Laden kamen, begackerten sich Gertrud und Gisela erst mal wegen ihrer Hunde. Norbert hatten wir vor dem Geschäft angebunden, er zog die Leine stramm und bellte die Passanten an. Wenigstens traute sich so niemand in den Laden, und wir hatten Ruhe. Gertrud störte das Gekläffe überhaupt nicht, und sie beriet mit Frau Gisela in aller Ruhe, nach dem Genuss welcher Biersorte die Hunde am besten schlafen. Während Ilse und ich noch beratschlagten, ob wohl ein Schößchen den kleinen Bauch eher betonte oder davon ablenkte, griff Ariane kurz entschlossen zu einem Kleid, ging in die Umkleidekabine und kam wenige Minuten später als wunderhübsche Braut zu uns raus. Sie sah zauberhaft aus. Mir purzelte ein Tränchen auf die Wange, und ich musste Ilse unterhaken. Das war so schön wie «Flitterabend» und «Traumschiff» zusammen, sage ich Ihnen! Nee, es gab keinen Zweifel, das war genau das richtige Kleid für Ariane: weiß und schlicht und ein bisschen silbern, aber ganz dezent. Wunderhübsch. Auch Gisela stimmte uns zu. Gertrud war es nicht bunt genug, aber Ariane konnte ja schlecht in einem ihrer kakelbunten Kittel gehen. Also so was! Aber man darf sich nicht beklagen, immerhin bekamen wir durch sie den Rab… die Prozente. Wissense, was wir da gespart haben? Das reichte für zwei Runden doppelten Korn zur Verdauung auf der Hochzeit, für die ganze Gesellschaft! Auf einem Bein kann man ja nicht stehen. Hihi.

Wir bestellten einen Brautstrauß, den Blumenschmuck und das kalte Buffet. Einen Mann für die Musik wollte Stefan allein organisieren, da verließen wir uns auf ihn. Er versprach, dass er mit ihm abstimmt, dass auch was Flottes von Ilse Werner gespielt wird und nicht nur Alte-Leute-Musik. «Inges Bootshaus» war zum Glück frei an dem Sonnabend im Mai. Einen Fotografen brauchten wir nicht, Arianes Vater wollte selbst knipsen. Sie kennen das ja, auf jeder Hochzeit gibt es eine Brautmutter, die die ganze Zeit weint, und einen Brautvater, der unablässig Fotos knipst. Kurt wollte auch fotografieren. Ilse und ich warfen uns nur einen Blick zu und nickten knapp; keiner rechnete ja damit, dass Kurts Bilder verwertbar waren, aber so hatte er seine Beschäftigung und konnte nicht verlorengehen. Kirchlich wollten Ariane und Stefan nicht heiraten, das wäre zu viel Aufwand gewesen. Beide sind nicht getauft, und wenn ich dem Herrn Pfarrer hätte erklären müssen, dass schon was Kleines unterwegs ist – nee, wissense, das hätte nur wieder dumme Fragen und strenge Blicke gegeben. Und seine Traugottesdienste sind langweilig, ich war ein paar Mal dabei. Hochzeiten eignen sich jedoch nicht so gut zum Buffetessen wie Beerdigungen, da achten die Leute doch mehr darauf, dass man auch eingeladen ist. Deshalb haben wir das wieder gelassen, Gertrud und ich, und gehen lieber auf Leichenschmause.

Die standesamtliche Trauung reichte vollkommen hin, man musste ja staunen, dass die beiden überhaupt heiraten wollten. Heutzutage machen das ja die wenigsten, selbst wenn ein Kind unterwegs ist. Mir war es aber nur recht, es ist doch seriöser, und man trennt sich nicht so leicht, wie wenn man nur seine Taschen packen muss.

Als Überraschung für Ariane und Stefan wollte Gunter Herbst sie mit seinem Pferdegespann vom Standesamt zum Festsaal in «Inges Bootshaus» kutschieren, aber dem Himmel sei Dank habe ich das vorher genau hinterfragt. Gunter ist ein anständiger Kerl mit gutem Herzen, aber er ist ein sehr einfacher Mensch, der gern auch mal einen über den Durst trinkt, und zwar nicht nur einen Korn zur Verdauung. Er trinkt abends immer seine zwei Bier, das gibt er ja zu, aber wenn Sie mich fragen, müssen es ein paar mehr sein. Er hat eine ganz rote Nase, sommers wie winters. Als wir letzten Karneval zum Rentnerfasching gingen, machte er den Clown. Wir mussten ihm gar keine rote Pappnase aufsetzen. Gunter hat Landwirtschaft betrieben und ist jetzt im Ruhestand, und als Gertrud sagte, er würde mit dem Gespann fahren, fand ich die Idee sehr romantisch. Aber dann stellte sich raus, dass Gunters Gespann aus zwei altersschwachen Haflingern bestand und er auch keine Hochzeitskutsche hatte, sondern nur einen Leiterwagen, mit dem er im Sommer Heu einfuhr und im Herbst Futterrüben. Und darauf sollte Ariane fahren in ihrem weißen Kleid? Ich bitte Sie! Ilse schlug stattdessen vor, dass Kurt das Brautauto fährt, und wollte ihren Koyota hübsch schmücken, aber Stefan schritt ein und sagte, das käme gar nicht in Frage, außerdem sei mein Keilkissen hinten im Weg. Einer seiner Kollegen hätte ein Auto ohne Dach. Ein Kapprio. Damit sollte er das Brautpaar fahren. Nee, ich muss wirklich sagen, wir hatten alles im Griff. Die Vorbereitungen liefen problemlos, und ein Hochzeitsplaner hätte uns nur im Weg rumgestanden, dazwischengeredet und alles durcheinandergebracht. Und dazu das viele Geld! Ich musste uns nur Arianes Mutter vom Hals halten, die alle paar Tage anrief und fragte, ob sie was helfen kann. Aber man muss ja nicht immer drangehen, das ist ja das Schöne beim Händi: Man kann gucken, wer anruft, und dann entscheiden, ob man es gehört hat oder nicht. Ulrikes … nee, wartense. Arianes Mutter schickte mir sogar die Tischrede des Brautvaters, so dass ich noch mal drübergehen konnte. Man will schließlich keine unangenehmen Überraschungen erleben an so einem Tag. Tischreden bei Hochzeiten können einem die ganze Stimmung versauen, wenn einer was Falsches sagt. Es reicht schon, wenn eine wichtige Person nicht erwähnt wird und die dann den Abend über beleidigt in der Ecke sitzt. Oder der Redner erwähnt die «liebe Halbschwester Christine», und die Brautmutter weiß gar nichts von ihr. Nee, das kann einem die ganze Feier vermasseln. Hochzeitsreden sind fast so heikel wie Beerdigungsreden, da kommt es auf jedes Wort an. Da kenne ich mich aus! Als damals bei meinem Walter …. Aber wartense mal, das gehört nun wirklich nicht hierher.

Den Kuchen wollten Ilse und ich selbst backen, bei so einem Anlass kommt kein gekaufter auf den Tisch. Ich bitte Sie, was sollten denn die Leute denken?! Ariane und Stefan hatten lange wegen der Gästeliste gegrübelt. Letztendlich kamen 41 Personen zusammen. Es waren wirklich nur gute Bekannte und Familie, und letztendlich lud Stefan sogar Tante Amalie ein, damit es keinen Krach gibt. Sie ist eine ganz entfernte Cousine von meinem verstorbenen Otto, ich glaube, nicht mal Ilse mit ihren Kenntnissen in Ahnenforschung kann noch sagen, wie genau die mit Stefan verwandt ist. Aber Stefan wollte kein Gerede und meinte, die isst sowieso nicht viel, da kommt es nicht drauf an. Der gute Junge wollte sogar meine Tochter Kirsten einladen, aber das habe ich unterbunden. Das hätte mich um den ganzen Spaß gebracht, Kirsten mit ihrem ewigen «Mama!» hier, «Denk an deinen Zucker!» da.

Zwei Tage vor der Hochzeit – wir wollten am nächsten Morgen mit dem Backen beginnen; Ilse wollte um sechs Uhr bei mir sein – lag ich grübelnd im Bett und überlegte, ob nicht was Wichtiges fehlte. Kennen Sie das Gefühl, wenn einem nicht einfällt, was man vergessen hat? Aber man weiß genau, irgendwas ist … Es war schon bald zehn Uhr abends, da fiel es mir wie Schuppen von den Augen: Ich musste Frau Schlode vom Kindergarten anrufen und abbestellen! Ich kenne die Schlode, wenn die von einem Anlass wie einer Hochzeit Wind bekommt, schlägt die mit ihrer Kindergartengruppe auf und singt. Das fehlte noch. Wir wollten feierliche Stimmung, ich hatte den Hochzeitsmarsch von Mendelssohn Bartholdy bestellt. Da hätte mir die Schlode alles kaputt gemacht mit dem Gesang. Die weiß eigentlich genau, dass ich sie bei keiner Feierlichkeit mehr sehen will. Weder auf privaten Geburtstagen noch bei Feiern vom Seniorenverein, aber wenn man sie nicht ausdrücklich abbestellt, rückt sie an, und wenn man Pech hat, kommen sogar Blockflöten mit. Fürch-ter-lich. Ich weiß auch nicht, woher die das immer weiß. Sie muss die Lokalzeitung ganz genau studieren und auch einen Spitzel im Vorstand beim Seniorenverein haben, anders kann ich mir das nicht erklären. Denken Se sich nur, wir saßen auf dem Dampfer nach Potsdam mit über 30 Rentnern, die in Ruhe die schöne Landschaft und Kaffee und Kuchen genießen wollten, und wer steht da auf einmal auf dem Schiff? Die Schlode mit dem Kinderchor. Über eine halbe Stunde haben sie gesungen, sie waren nicht zu stoppen. Die Schlagsahne auf meiner Erdbeertorte war schon verlaufen, als sie endlich Ruhe gaben. Die Schlode hat keinen Mann und ist nicht gern allein zu Haus, da schnappt sie sich die Kinder und versaut den Leuten die Feier. Früher hat es so einen Quatsch auch nicht gegeben. Wenn eine von den Frauen allein war, dann wurde ein Mann für sie ausgesucht. Sie wurde ihm als Tischdame bei einer Feier zugewiesen, es wurde getanzt und dann geheiratet und Schluss. So ein Theater, dass die sich dann nach einer anderen Beschäftigung umguckte, gab es nicht. Nee, die Schlode durfte nicht kommen. Gleich am nächsten Morgen würde ich sie anrufen und absagen. Und wenn sie doch käme, verkuppelte ich sie!

Ilse war pünktlich um sechs mit ihren Springformen und den Backblechen bei mir. Sie hatte auch frische Eier dabei, die sie von ihrer Nichte geholt hatte. Frische Eier vom Land schmecken doch besser als die aus der Kaufhalle. Nun stand sie im Flur, und die Bleche gerieten ins Rutschen, als sie die Haustür mit der Hüfte zustieß. Ilse musste sich entscheiden, ob sie die Bleche oder die Eier fallen ließ. Man konnte nicht überhören, wofür sie sich entschied. Und selbst wenn jemand das Geschepper der Bleche nicht gehört hätte, das Geschrei der Berber, die daraufhin in den Flur brüllte, dass wir alten Tanten endlich mal Ruhe geben sollten mitten in der Nacht, konnte nun wirklich keiner mehr überhören.

41 Personen verdrücken ordentlich was, das sage ich Ihnen. Die Trauung war um 13 Uhr, ab acht waren alle beim Frisör, und wir würden erst um 15:30 Uhr in «Inges Bootshaus» mit der Kaffeetafel beginnen – da würden alle Gäste tüchtig Hunger haben und zulangen. Da mussten wir mit 24 Kuchen kalkulieren.

Ich versuchte den ganzen Tag über, die Frau Schlode anzurufen, aber ich glaube, sie ging absichtlich nicht ran. Das mache ich auch manchmal, wenn Kirsten anläutet. Oder die Frau Monika. Aber die Frau Schlode ist noch jung, der steht das nun wirklich noch nicht zu! Eine Unverschämtheit war das.

Ich tat kaum ein Auge zu in dieser Nacht. Hatten wir wirklich an alles gedacht? Der Kuchen war gelungen, der Korn war kalt gestellt, sogar das leidige Thema der Tischordnung hatten wir gelöst. Wenn man da was falsch macht, kann das einen Familienstreit auslösen, der über Generationen andauert. Ich würde als Vertreterin von Stefans Familie neben der Braut sitzen und hätte alles im Blick, um einzuschreiten, wenn sich irgendwo Streit andeutete. Bis weit nach Mitternacht grübelte ich und fand erst ab zwei Uhr noch ein paar Stunden Schlaf.

Am Morgen der Hochzeit ging alles glatt. Sicher, ein

bisschen Aufregung war dabei, aber das muss ja auch so sein. Ariane sah wunderhübsch aus in ihrem Kleid, das wir mit ihr ausgesucht hatten. Das Weiß leuchtete, und das silberfarben abgesetzte Dekolleté wirkte ausgesprochen hübsch. Ich selbst habe ja damals auch zwei Körnchengrößen zugelegt, als ich Kirsten unterm Herzen trug. Nee, falsch. Körbchengrößen. Sie verstehen schon, was ich meine. Trotzdem: Wenn man nicht gewusst hätte, dass sie was Kleines erwartet, man hätte es nicht gesehen. Ich selbst hatte mich für ein taubenblaues Kostüm entschieden mit einer weißen Bluse dazu. Damit ist man immer festlich gekleidet. Anfang Mai kann es ja schon sehr warm werden, deshalb wollte ich keinen Kleiderrock tragen. Eine Jacke kann man immer mal ablegen und ist mit Bluse und Rock immer noch schick. Auf dem Kragen des Kostüms wirkte auch die Saphirbrosche meiner Mutter sehr schön. Vor allem ist es an so einem Tag ja wichtig, dass man nicht der Braut die Schau stiehlt. Ich werde nie meine Hochzeit mit Wilhelm vergessen: Da erschien Gertrud in einem roten Fetzen mit einem Ausschnitt … Sie machen sich keinen Begriff! Ich habe alle Fotos verbrannt, die es gab, das war fast nicht mehr jugendfrei. Alle Männer stierten nur auf sie, und als der Standesbeamte Wilhelm fragte, ob er mich heiraten will, da musste der erst mal seinen Blick von meiner besten Freundin losreißen. Beziehungsweise von ihren beiden besten Freundinnen. Nee, ich habe gekocht vor Wut, sage ich Ihnen!

Meine Friseurin Ursula hatte der Ariane ja angeboten, ihr die Haare zu machen, aber sie hat abgelehnt. Sie wollte keine Omalöckchen, so war ihre Begründung, und ich habe es eingesehen. Dabei wäre Ursula sogar ins Haus gekommen zum Frisieren, aber bitte. Das Kind wollte eben nicht, und jetzt, wo ich sie vor mir stehen sah, musste ich zugeben: Das war richtig so. Wunderschön. Wir hatten alles geübt und durchgesprochen: wie sie in das Standesamt schreitet, wann sie JA sagen muss, dass sie Stefan nur ganz züchtig küsst und nicht wie eine läufige Hündin über ihn herfällt und auch, wie sie später am Abend den Schleier abgetanzt bekommt und wie sie den Brautstrauß wirft. Ariane brauchte jetzt nur noch was Blaues und was Neues, was Altes und was Geborgtes. So will es die Sitte. Was Neues trug sie unter dem Herzen, sie war ja erst im vierten Monat, das konnte man noch als neu durchgehen lassen. Etwas Altes musste auch nicht sein, ich war schließlich da, und ich war ja wohl alt genug mit meinen 82. Ariane heiratete meinen Stefan und bekam mich sozusagen dazu. Ich schenkte ihr ein Spitzentaschentuch von meiner Mutter. Es war mit einem ganz aufwendigen Muster aus blauem Faden umhäkelt, das ich als Kind noch im Handarbeitsunterricht lernen musste. Dazu borgte ich ihr meine Kette mit dem Diamantanhänger. Ariane guckte, als hätte sie es lieber umgekehrt gehabt, aber das wäre zu weit gegangen. Sie war schließlich nur angeheiratete Verwandtschaft, und Kirsten hätte nur Wasser auf der Mühle gehabt. Ich weiß, was sie hinter meinem Rücken alles veranstaltet, um mich ins Heim zu bekommen. Meine Tochter, mein eigen Fleisch und Blut, war sogar schon beim Notar und hat vorgefühlt, wie das mit Entmündigung aussieht. Sie hat mich auf ihrem Computer beim Gockel eingegeben, und Sie können sich nicht vorstellen, was für ein Geschrei das gab. Sie hat mein Twitter gefunden und Fäßbock auch. Fäßbock kennense bestimmt, und Twitter müssense sich vorstellen wie Telegramm, nur mit Strom. Ich schreibe da was auf meinem Telefon, und die anderen können es lesen. Es ist verrückt. Jedes Foto hat mir Kirsten vorgehalten und alles, was da stand. Ich habe einen guten Draht zu Notar Schulze, deshalb hat er mir einen Wink gegeben. Wenn man vier Männer begraben und vier Mal geerbt hat, kennt man sich. Er hat Kirsten abtreten lassen und ihr gesagt, dass sie sich schämen soll. Er hat sich köstlich amüsiert über das, was ich da schreibe, und wir sind seitdem sogar befreundet beim Fäßbock. Frau Doktor Bürgel sollte sogar bestätigen, dass ich nicht mehr ganz klar im Oberstübchen bin, denken Se sich das nur! Frau Doktor hat Kirsten aber nur kurz über die Brille angeguckt und gefragt, ob es stimmt, dass sie Meditation mit Katzen macht, und da war sie ganz still. Schwester Hillburg hat mir das erzählt, mit der komme ich gut zurecht. Als ich dann mitsollte, um angeblich Kirstens alte Lehrerin im Heim zu besuchen, kam mir das gleich nicht ganz koscher vor. Ich kenne Kirsten, wenn sie mich «Mama» nennt, will sie Geld, wenn sie «Mutti» sagt, geht es in der Regel darum, dass ich ins Altersheim soll. Dieses Mal kam sie eben mit dem Trick mit der Lehrerin. Ich habe Kirstens alte Lehrer allesamt mit

Namen im Kopf. Eine Frau Speckmann war nicht dabei. Ich habe Kirsten nur angeschaut und gesagt: «Kind, das riecht mir doch nach Probeliegen!» Wir sind dann bei mir in Spandau geblieben, ohne Heimbesuch.

Nun weiß ich aber auch nicht; wissense, einerseits ist Kirsten meine Tochter und Ariane nur angeheiratete Verwandtschaft mit notdürftig angelernten Manieren. Aber andererseits sehe ich nicht ein, dass Kirsten mein Familiensilber für eine Klangschale einschmelzen lässt, und damit muss ich wohl rechnen. Ich warte ab und bespreche mich von Zeit zu Zeit mit Notar Schulze. Und vielleicht bekommt die Ariane die Kette doch, nachdem ich heimgerufen worden bin. Wir werden sehen.

Arianes Eltern weitestgehend aus der Hochzeit rauszuhalten, war jedenfalls die richtige Entscheidung gewesen. Sie machen sich ja keinen Begriff, was die beiden am Hochzeitstag für ein Durcheinander veranstalteten! Monika – Arianes Eltern und ich hatten uns auf das Du geeinigt – weinte die ganze Zeit und zupfte an Ariane rum. Sie lief durch die ganze Wohnung, brachte alles durcheinander mit unsinnigen Fragen, tupfte sich Tränen aus dem Gesicht und bürstete Arianes Vater den Anzug ab. Ich glaube, er war noch aus DDR-Zeiten, jedenfalls kam er mir ziemlich bekannt vor, Oskar Bugge hatte bei meiner dritten Hochzeit etwas Ähnliches angehabt. Es war wohl sein Universalanzug für Hochzeiten und Beerdigungen. Also der vom Manfred, der Oskar ist mit dem Anzug schon längst unter der Erde, er hat zum Ende hin schlimm Herz gehabt. Er saß am Bauch etwas knapp, und Manfred musste sein Jackett offen lassen, er hätte darin nicht zur Gänze Platz gehabt. Bei sich hatte er eine große Tasche mit Fotoapparaten und Batterien. Die von Fürstenbergs hatten zwar einen noblen Namen, aber kaum einen Sinn für Stil. Außer der Ariane natürlich. Sie war ja auch durch eine gute Schule gegangen. Schlag zwölf Uhr kam Stefan mit einem Freund im Kapprio, um seine Ariane abzuholen. Das Mädel hatte bei mir auf dem Chaiselongue in der Wohnstube geschlafen in der Nacht vor der Hochzeit. Es wäre ja wohl noch schöner gewesen, wenn Stefan die Braut vorher sieht! Das durfte nicht sein, das bringt Unglück. Er hatte sich in seiner Wohnung umgezogen. Ich hatte ihm die Sachen am Abend vorher aufgebügelt und rausgelegt, und ich muss sagen – schick sah er aus. Richtig schick. Wie er die Treppe hochkam mit dem Brautstrauß in der Hand – ach, ich war so stolz in dem Augenblick. Die Meiser wäre fast über ihre eigenen Füße gestolpert, als sie den Stefan kommen sah. Über mich sagen, ich wäre neugierig! Dabei habe ich genau gesehen, wie die Gardine gewackelt hat, als wir in die Autos gestiegen sind. Stefan und Ariane fuhren im Brautwagen, ich fuhr mit Kurt und Ilse mit. Die Fürstenbergs hatten auch angeboten, mich in ihrem Auto mitzunehmen, aber ich hatte mein Keilkissen hinten im Koyota und wollte keine großen Umstände machen. Es war ja nicht mein großer Tag, sondern der der Kinder.

Im Standesamt ging bis auf ein paar Kleinigkeiten alles gut. Die Frau, die die Trauung vollzog, hatte die falsche Brille auf und sagte Stefans Namen falsch. Steffen. Den anderen Text kannte sie auswendig, das war nicht das Problem. Aber im Grunde hätte man die Ehe für ungültig erklären lassen können, weil sie einen falschen Namen gesagt hat. Kurt schnarchte kurz, aber Ilse bekam ihn mit einem Knuff in die Hüfte schnell wieder wach. Als die Standesbeamtin die feierliche Musik anstellen wollte, die wir bestellt hatten, ging der Plattenspieler erst gar nicht, und als er dann ging, erklang ganz laut «Wahnsinn, warum schickst du mich in die Hölle». Das machte die ganze schöne Stimmung kaputt. Dazu kam, dass Arianes Vater die ganze Zeit mit seinen Fotoapparaten umherturnte und bestimmt 500 Bilder knipste. Man konnte es nicht mit anschauen, auf Knien rutschte er vor dem Brautpaar rum und kroch fast auf den Tisch. Zwischendurch wechselte er die Linse, und einmal nahm er auch einen ganz anderen Apparat. Als er sich über die Tasche mit seiner Technik beugte, bürstete Monika ihm gleich noch mal den Anzug ab.

Irgendwann war JA gesagt, die Ringe waren getauscht und geküsst auch. Züchtig, wie ich es mir erbeten hatte; ohne Zunge. Alle gratulierten sich gegenseitig, und wir gingen raus. Mir schwante schon, was kommt, und jawoll, ich hatte recht: Frau Schlodes ganze Truppe, bald anderthalb Dutzend Kinder, lauerte vor dem Standesamt und stimmte «Heute soll es regnen, stürmen oder schneien» an. Das passt ja immer. Das singen sie auf Geburtstagen und zu Hochzeiten, das hat Frau Schlode früher sogar schon zum 1. Mai immer anstimmen lassen. Nur bei Beerdigungen traut sie sich das nicht. Sie dirigierte und schaute triumphierend zu mir rüber. Die würde ich mir schon noch vornehmen. Wir ertrugen den Gesang mit Anstand, bis es in «Inges Bootshaus» ging.

Ach, es war eine schöne Feier. Unser selbstgebackener Kuchen war ein Gedicht. Der Kaffee war brühheiß und schön stark, und vor dem Kinderchor hatten wir Ruhe: Frau Schlode wusste nicht, wo die Feier war. Hihi. Ariane sah wunderhübsch aus, und Stefan strahlte über das ganze Gesicht. Den ganzen Tag, wann immer ich zu ihm schaute, lächelte der Junge. Wissense, ich war richtig glücklich. Als dann später am Abend der Tanz eröffnet wurde, standen wir alle im Kreis um das Brautpaar herum und klatschten, während sie ganz eng – sie waren ja jetzt verheiratet, da konnte keiner was sagen! – zu Helene Fischer tanzten:

«*Lass uns zusammen ein Stück gehen,*
schenk mir ein bisschen Zeit,
erzähl mir deine Geschichte,
die das Leben für dich schrieb,
erzähl mir alles, wenn du mit mir
durchs Leben gehst.»

Manfred schimpfte, die beiden müssten noch mal tanzen, weil sein Speicherfilm voll war, und Monika vergaß vor Rührung sogar kurz ihre Kleiderbürste. Als dann später am Abend der «Schneewalzer» gespielt wurde, forderte mich Stefan zum Tanz auf. Es war ein so schöner Abend.

Irgendwann war es dann so weit: Ariane warf den Brautstrauß, so wie wir es geübt hatten, rücklings über den Kopf. Bestimmt kennen Sie den Brauch? Die Braut wirft den Brautstrauß, alle unverheirateten Damen stellen sich auf, und wer ihn fängt, ist mit dem Heiraten als nächste dran. Auf der Beerdigung von Richard Hopfkrug hatten es die Bestatter letzthin so eilig, dass sie sich die Kränze zuwarfen vom Wagen, damit es schneller geht, und ich dachte mir damals: «Renate, geh bloß zur Seite, nicht, dass du so ein Ding fängst und hier auf dem Friedhof die Nächste bist.» Daran musste ich denken und war plötzlich ganz dankbar und froh, dass ich diesen schönen Tag noch miterleben durfte. Welch ein Glück. Stefan war unter der Haube, und ich würde Urgroßmutter werden! Also, so was Ähnliches. Ilse muss mir die Verwandtschaft mal ausrechnen, damit man nichts Falsches sagt, aber für das Gefühl war Urgroßmutter das richtige Wort.

Ariane, das alberne Ding, schmuhte zu mir rüber, ich sah es genau. Sie grinste und zwinkerte mir zu. Sie zielte genau auf mich!

Ich dachte noch: «Renate», dachte ich, «Renate, jetzt renn bloß um dein Leben.» Ich alte Schachtel und noch mal heiraten? Nee! Das fehlte mir noch, mit dem Thema hatte ich abgeschlossen und für ein fünftes Grab auch gar keine Kapazität. Wissense, mit 82 hat man diese Art von Gefühlen längst im Schatzkästchen der Erinnerungen abgelegt, und man hat auch gar keine Hormone mehr, die dafür zuständig sind. Nur noch solche, die den Damenbart wachsen lassen. Diese albernen Witze, die auf mich zukämen, wenn ich Arianes Blumengebinde fangen würde ... also nee, das wollte ich wirklich nicht. Ich war so ängstlich, dass ich schnell und unvorsichtig einen falschen Schritt nach hinten machte. Ich wollte mich noch aufstützen, doch ich griff ins Leere, und plumps, da lag ich auf dem Parkett.

––– Hinfallen, aufstehen, **KRÖNCHEN** richten.
Nu hab ich ja kein **KRÖNCHEN**,
deshalb sage ich immer: Hinfallen, aufstehen,
KÖRNCHEN trinken. –––

Ich merkte gleich, dass das nicht nur eine Prellung war. Die Hüfte tat so weh, dass ich gar nicht aufstehen konnte.
Die war hin.
So was spürt man doch.
Es waren Schmerzen, das kann ich gar nicht beschreiben. Ich konnte mich keinen Millimeter rühren, traute mich kaum zu atmen und holte nur ganz flach Luft. Liebe Zeit, hoffentlich war nicht alles aus und vorbei.
Sie glauben ja gar nicht, was einem in so einem Moment alles durch den Kopf schießt. Der Mensch kann ja planen, wie er will – manchmal kommt es doch, wie es kommen soll, und das Schicksal lacht einen aus. Mit 82 denkt man öfter mal daran, wie lange es wohl noch geht, und wenn man denn da so liegt – na ja, da kommt einem schon der Gedanke, dass es nun vorbei ist. Oder wie es weitergeht.
Ich konnte gar nicht viel sagen, die Schmerzen waren zu schlimm. Ich weinte auch nicht, aber ein paar Tränchen verdrückt habe ich schon.
Gott sei Dank hatte ich immer saubere Unterwäsche an, da musste ich mir keine Sorgen machen. Wissense, ich würde nie das Haus ohne saubere und ordentliche Leib-

wäsche verlassen. Und da es Stefans Hochzeit war, hatte ich sogar die feine Arztunterwäsche an, die ich sonst nur zu Frau Doktor anziehe, wo das Hemdchen Ton in Ton mit dem Schlüpfer ist.

Als ich mir dessen gewahr wurde, ging es schon ein bisschen besser.

Um mich herum rannten jetzt alle durcheinander und waren aufgeregt. Ilse weinte, aber die weint ja auch beim «Traumschiff», da darf man nichts drauf geben. Manfred hatte die Fotoapparatur noch in der Hand, bestimmt hatte er meinen Sturz geknipst. Vielleicht konnte man das für die Versicherung noch brauchen, man weiß ja nie. Kurt hatte sein Jackett ausgezogen und es mir unter den Hinterkopf geschoben. Er stand da mit seinen Hosenträgern über dem Hemd und kratzte sich besorgt am Kopf. Ariane und Gertrud versuchten, Norbert zu beruhigen, der wild kläffte, und Stefan telefonierte nach einem Krankenwagen. Der Brautstrauß lag neben mir. Das zählt aber nicht!

Wie ich da so lag mit dem Hüftschaden und mich nicht rühren konnte, kamen mir eben Gedanken, die man sonst gern zur Seite schiebt. Ob das wohl gut ausgehen würde? Man hört und liest doch so viel. In meinem Alter erholt man sich nicht mehr so schnell. Wenn man da erst mal liegt, dann liegt man. Wie viele sind gestürzt und haben sich nicht mehr berappelt. Ratzfatz bauen sich die Muskeln ab, und man liegt sich wund. Nee, ich wollte so pessimistisch gar nicht sein, aber der Gedanke war da. Was, wenn es nun mit mir zu Ende gehen würde? Gott sei

Dank hatte ich mein Leben so gelebt, dass ich mir nichts vorzuwerfen hatte. Dem Himmel sei Dank hatte ich nichts ausgelassen und nichts versäumt. Ich hatte immer gesagt, was ich dachte, gelebt, wie ich es für richtig hielt, und mich anständig verhalten. Ich habe mir mein ganzes Leben lang immer gesagt: «Machen, Renate, machen, machen, machen. Bereuen kannst du immer noch!» Wenn es jetzt so weit sein sollte – nun, dann hatte ich wenigstens alles ausprobiert.

Ich musste auch an Opa Richard denken. Vater hat immer erzählt, dass mein Opa mitten in der Inflation gestorben ist. Das war eine verrückte Zeit, noch schlimmer als jetzt mit dem Euro. Opa Richard war gegen die Republik und hat dem Kaiser nachgetrauert. Er als Beamter hatte es damals nicht schlecht, er konnte sich nicht beklagen. Der musste sich ganz schön umstellen, als die dann mit der Republik anfingen, hat er immer erzählt. Aber im Grunde war damals auf dem Dorf die große Politik doch egal, solange das Leben weiterging und alle satt zu essen hatten. Das Korn wird gedroschen, die Sau wird geschlachtet, ob da nun der Kaiser regiert oder eine Kanzlerin, das interessiert doch im Grunde bis heute nicht. Als Opa dann eingeschlafen ist, konnten sie ihm nicht mal einen Sarg kaufen. Der Arzt hat für den Totenschein morgens kein Geld mehr gewollt, weil es nachmittags schon nichts mehr wert gewesen wäre. Nee, er wollte drei Heringe aus Omas Fass in der Speisekammer. Für den Rest der Heringe hat der Tischler dann einen Sarg zusammengenagelt, und Opa kam doch noch in Ehren unter die Erde. Ach, wollen wir mal nicht jammern heute, DAS waren wirklich schwere Zeiten! Wir haben es doch gut. Aber was wollen Sie machen, man kann für den Fall auch nicht vorsorgen. Ich habe mich erkundigt, die Bestatter verkaufen einem keinen Sarg im Voraus. Und wenn auch, wo will man den denn lagern? Eine Scheune habe ich nicht, und in die Wohnstube kommt er mir nicht. Das helle Holz, was ich mir wünsche, harmoniert auch so gar nicht mit Eiche rustikal. Ach, die würden mich schon anständig unter die Erde bringen, wenn es so weit wäre. Und ich will ganz ehrlich sein, nach ein paar Minuten waren diese Gedanken auch schon wieder vorbei.

«Weißte, Renate», dachte ich bei mir, «das bisschen Hüfte! Da hast du schon ganz andere Sachen überstanden. Und manchen geht es viel schlechter.» Dann fiel mir ein Spruch ein, den Ariane auf einem Nicki trägt: Hinfallen, aufstehen, Krönchen richten. Ich dachte so bei mir: Hingefallen war ich schon, aufstehen konnte ich wegen der Schmerzen erst mal nicht, und ein Krönchen habe ich nicht, und es passt auch gar nicht zu einer alten Frau wie mir. Aber ein Körnchen, das hätte ich gern gehabt auf den Schreck und um mich zu berappeln. Ich schielte zu meiner Handtasche, da war einer drin ... aber wenn man mit einer Fahne zum Röntgen kommt ... nee. Was sollen denn die Leute denken? Das ging jetzt nicht.

Ohne meinen Korn gehe ich eigentlich nie aus dem Haus, das wissen Sie ja schon. Das ist ein Allheilmittel für mich. Der drückt den Zucker, der wärmt durch, wenn man friert, der beruhigt die Nerven, und er hilft auch beim Verdauen, wenn man mal zu reichlich und zu schwer gegessen hat. Da dürfen Sie mich nicht gleich für eine Trinkerin halten, so eine bin ich nämlich nicht! Vielleicht nehme ich zwei Mal die Woche einen kleinen Verteiler, wenn ich Linsen hatte oder Kassler, mehr trinke ich nicht. Ich sach immer: Wenn es Korn auf Rezept gäbe, die Krankenkasse würde viel sparen. Aber man darf es natürlich nicht übertreiben und muss ihn in Maßen genießen. Ich bin es auch gewohnt, ich bin ja damit groß geworden. Meine Mutter hatte immer Korn da. Wir haben früher auch selbst gebrannt. Ach, der hat gezischt! Wenn man erkältet war, gab es einen Korn, und dann ging es ab ins Bett. Auf dem Dorf ist man wegen einer Erkältung nicht zum Arzt gegangen! Der alte Doktor Schwallberg war im Krieg im Lazarett gewesen und ganz stolz auf das, was er da gelernt hatte. Deshalb nahm er gerne Mandeln raus und zog Weisheitszähne, ganz egal, was man hatte. Selbst bei Hexenschuss zog er Weisheitszähne. Dafür nahm er ein Huhn oder ein Karnickel als Honorar, AOK war ja da noch nicht und Schippkarte erst recht nicht. Ich weiß noch, ich hatte mal Mittelohrentzündung. Mutter sagte: «Das Mädel wird aber nicht an den Zähnen und auch nicht an den Mandeln operiert!», und da musste er sich eben was anderes überlegen. Er empfahl Ringelblumensalbe und Einreibungen mit Korn. Mutter stritt dann mit ihm über die Bezahlung und sagte, die Behandlung wäre kein Huhn wert, dieses Mal hätte er ja auch nicht operiert. Sie handelte schließlich vier Dutzend Eier und drei Glas eingekochte Birnen als Wechselgeld raus, die Doktor Schwallberg von anderen Patienten bekommen hatte. Es war ein guter Tausch, die Henne, die Mutter ihm geschlachtet übergab, hatte schon gehinkt und legte auch kaum noch, sie wäre sowieso bald eingegangen. Und die Birnen waren von der alten Frau Spicknagel, das war eine feine Frau, die war ganz sauber, von der konnte man alles mit Appetit essen. Der Doktor hatte das Kompott von ihr bekommen, weil er ihr ein gebrauchtes Hörgerät aus der Stadt mitgebracht hatte, sie kam ja selbst kaum noch raus mit ihrem Rollstuhl. Ach ja, es war eine schwere Zeit. Alles war kaputt, das Land lag in Schutt und Asche, und wir mussten uns mit dem behelfen, was wir hatten. Hühner, unserer Hände Kraft und unserer Köpfe Ideen, dazu drei Gläser Birnen von Oma Spicknagel und selbstgebrannten Korn. Sind wir doch mal ehrlich, was meinen Sie, warum man nach Wickmedineid so schön schläft? Weil da Kräuter drin sind oder weil es 30 Umdrehungen hat? Na also. Nur Geldschneiderei. Trinkense einen Korn, packense sich zum Schwitzen ins Bett und schlafense sich gesund. Der Selbstgebrannte von Onkel Albrecht, oooch, da muss ich Ihnen sagen, da habe selbst ich mich nach geschüttelt. Das will man gar nicht wissen, wie viele Prozente der hatte, das war bestimmt eine Oktanzahl. Aber wenn ich den nicht gewohnt gewesen wäre, wer weiß, ob ich mit Mutter dann das Familiensilber vom Russen zurückerpokert hätte nach dem Krieg. Der Iwan hatte keine Chance gegen uns. Meine Mutter, die Frau Strelemann, hat die letzten Offiziere morgens um vier in der Schubkarre zurück in die Kaserne gefahren. Die waren so voll wie *tausend* Russen und konnten nicht mal mehr stehen. Ach, was haben wir gelacht. Wir haben sie ausgeladen und in der Kaserne dann die Besteckkästen von Oma eingeladen. Ganz edles, schönes Tafelsilber, ich habe das heute noch. Seit Generationen in der Familie, und dann kommt der Russe und nimmt uns das einfach weg? Nicht mit Renate Bergmann, damals noch Strelemann, und auch meine Mutter war da ganz energisch dagegen! Man hat wegen solcher Erlebnisse ja auch eine ganz andere Bindung zu den Dingen, und sie haben einen anderen Wert. Wenn ich dran denke, dass Kirsten das mal kriegt – ach, dabei ist mir gar nicht wohl. Für die ist es nur Silber. Wahrscheinlich lässt sie es einschmelzen und ein Pendel daraus gießen. Oder eine Pyramide, um das Obst mit Energie zu beladen. Ich will gar nicht darüber nachdenken. Soll sie machen, was sie will, wenn ich mal nicht mehr bin, ich kriege es nicht mehr mit. Aber nun wollen wir mal nicht melancholisch werden; noch bin ich ja hier und putze das Silber alle paar Monate – Sie glauben gar nicht, wie schnell das anläuft, wenn man nicht aufpasst. Aber mit meinem Kniff – Wasserkocher, Silberfolie und Salz – blitzt alles ganz schnell.

Ich weiß nicht mehr, wie lange ich da gelegen habe, es kam mir wie Stunden vor. Irgendwann kam dann der Krankenwagen mit Blaulicht und Tatütata an, und zwei junge Männer hoben mich ganz vorsichtig auf eine Liege. Einer machte Witze mit mir, aber das mochte ich gar nicht. Außerdem hatte er so große Ohrlöcher, dass man ihn auf der Weide hätte anpflocken können. Nee, da könnte ich mich immer aufregen. Dafür geben die noch Geld aus heutzutage, und zwar nicht wenig! Ich kenne mich aus, ich weiß, was das kostet. Die Vanessa, die Enkelin von Gertrud, hat das nämlich auch. Kurt sagt, er hatte einen Kameraden an der Ostfront, dem haben sie das Ohr weggeschossen, und der sah danach genauso aus. Man kann nur den Kopf schütteln, den jungen Leuten geht es einfach zu gut, sonst kämen die nicht auf solche Ideen.

«Stefan!», rief ich, während sie mich gerade festbanden. «Stefan, mein Junge. Komm her zu mir. Du achtest doch darauf, dass sie den Kuchen kühl stellen, sonst verdirbt der nur. Das hat alles viel Arbeit gemacht, und es wäre schade drum.» Stefan schaute mich mit großen Augen an und rang nach Worten. «Tante Renate! Wie kannst du jetzt an den blöden Kuchen denken? Jetzt sind doch ganz andere Sachen wichtig!», schimpfte er mit mir, und in seinen Augen konnte ich eine Träne sehen.

«Jetzt reiß dich mal zusammen, Jungchen. Das bisschen Hüfte. Ich bin schneller wieder fit, als euch lieb ist», scherzte ich, aber fast hätte ich mitgeweint. Auch, wenn man noch so positiv denkt: Man weiß ja nie.

«Du passt mir auf, dass die das mit dem Kuchen regeln. Das sollen Ilse und Gertrud machen, sonst trampeln die mir nur im Krankenzimmer rum. Stefan, du holst jetzt meine Tasche von zu Hause. Die steht in der Schlafstube, gleich hinter der Tür.»

Stefan guckte erstaunt, aber eine Renate Bergmann ist auf einen Unglücksfall wie diesen vorbereitet und hat für die ersten Tage alles parat. In meinem Alter muss man immer damit rechnen, dass es einen kurzfristig mal von der Platte putzt und dass man ins Krankenhaus muss. Da ist meine Tasche immer gepackt: gestärktes Nachtzeug, frische, ordentliche Unterwäsche, eine Waschtasche mit

Prothesenreiniger, Frisierzeug, Waschlappen für Gesicht und für untenrum und Handtücher. Die Wäsche in der Tasche wird alle paar Wochen durchgetauscht, damit immer alles frisch duftet. Ein Stückchen feine Lux-Seife habe ich immer einstecken. Das Notfallköfferchen steht in der Schlafstube hinter der Tür griffbereit, sodass es der Notarzt oder wer auch immer gleich sieht. Hausschuhe sind auch drin, eine warme Schlafdecke – man weiß ja nie, wo man landet –, ein bisschen Zwieback – schließlich bin ich Diabetikerin und darf nicht unterzuckern –, eine Liste der Medikamente, die ich einnehme, das SV-Büchlein, wo die Impfungen alle eingetragen sind, ein Ladegerät für das Tomatentelefon, zwei kleine Fläschchen – also, groß sind die wirklich nicht! – Korn, mein abgesteppter Morgenmantel und eine Liste mit den Telefonnummern von Kirsten, Stefan, Gertrud, Ilse und Kurt.

Ja, ich war für so einen Fall gut gerüstet. Als ich da lag mit der zertrümmerten Hüfte, da musste ich nicht erst Anweisung geben und jemanden suchen lassen wie so ein liederliches Ding – nee, ich musste nur zu Stefan sagen: «Junge, fahr in meine Wohnung, bitte Herrn Steiner aus dem zweiten Stock, die Katze zu füttern, und hol die Tasche aus der Schlafstube.» Alles andere hatte Zeit – die Zimmerpflanzen würden auch mal zwei Tage ohne Gießen überleben. Alpenveilchen oder so empfindlicher Kram kommen mir gar nicht erst ins Haus. Ich sage immer: «Alpenveilchen sind wie meine Ehemänner, einmal nicht richtig gepflegt, und schon gehen sie ein.» Ich bin vierfach verwitwet, ich weiß, wovon ich rede. Für die

Friedhöfe hatte ich für Notfälle Gießfreundschaften, die ich durch einen kurzen Anruf aktivieren konnte, in der Speisekammer stand nichts Verderbliches – und alles andere würde sich finden.

«Und dann ist da noch was ...»

Ich senkte die Stimme und atmete tief durch.

Stefan verstand genau, worauf ich hinauswollte.

«Einer muss es Tante Kirsten sagen», murmelte er, und ich hörte an seinem Tonfall, dass er darauf genauso wenig Lust hatte wie ich.

Meine Tochter Kirsten ist ... nun, ein bisschen speziell. Sie «arbeitet» als Heilpraktikerin und esoterische Lebensberaterin für kleine Tiere. Letztes Jahr war sie auch im Fernsehen. Sie hat da Anrufern für Geld die Zukunft aus den Karten gelesen, aber das ging nicht lange gut. Sie hat so viel Unheil vorhergesagt, dass keiner mehr angerufen hat für bald zwei Euro die Minute, und da hat der Sender sie wieder entlassen.

Es heißt immer, Kinder geben einem Kraft, aber ich sage Ihnen: Im Fall von Kirsten braucht man die auch, um es mit ihr auszuhalten. Es ist nicht leicht. Ich habe ihr als Kind immer einen Löffel Sanostol gegeben am Morgen, später, als die Westverwandtschaft nichts mehr schickte, dann Eierlikör. Den habe ich schon immer selbst gemacht mit Korn und Kaffeesahne. Hühnerwhisky, wie Gertrud immer sagt. Kirsten hat ihn gemocht, aber vielleicht war das der Grund, dass sie geworden ist, wie sie ist. Heilpraktikerin für Katzen.

«Gib mir mal das Scheibentelefon, dann schreibe ich ihr einen SM», sagte ich, aber Stefan war ganz tapfer, drückte die Brust raus und versprach, dass er mit Kirsten reden würde. Er wollte es ihr ganz schonend beibringen und versprach mir, dafür zu sorgen, dass sie nicht sofort anreisen würde. Und auch dem Notar gäbe er Bescheid.

Sie fuhren mich mit dem Krankenwagen in die Notaufnahme. Wissense, die Straßen sind ja so kaputt und voller Schlaglöcher, das merkt man erst so richtig, wenn man mit Schmerzen auf der Pritsche in einem Krankenwagen liegt. Bei jedem Ruckler zuckte ich und biss die Zähne zusammen. Die hatten sie mir noch gelassen, obwohl der Pfleger mit dem Loch im Ohr schon gefragt hatte, ob ich Zahnersatz habe. Ja, was denkt der denn? In meinem Alter. So ein Trottel. Ich hörte gar nicht mehr zu und dachte an Walter Riechmann. Der ist damals auf dem Schützenfest verunglückt und hatte Schützenbasisbruch. Nee, Schädel. Also Schädelbasisbruch. Er kam ins Krankenhaus und dann zur Kur, und später musste drei Mal am Tag die Pflege kommen. Das ging ins Geld, und deshalb haben sie dann wegen der Kosten eine Dame aus Polen eingestellt, die sie bei einer Sörwissfirma bestellt hatten und die mit im Haus wohnte. Riechmanns hatten ihr die Kammer unter dem Dach hergerichtet und sich auf eine junge Dame gefreut, aber die Agnezka war auch schon 67 und kam die Treppe kaum alleine rauf. Für Erna Riechmann war das doppelte Arbeit, sie musste sich um ihren Walter kümmern, und wenn das Wetter umschlug, hatte die Agnezka so geschwollene Beine, dass sie nur auf dem Sofa lag.

So schnell kann es gehen. Der Walter hat sein 50-jähriges Jubiläum als Schützenkönig ein bisschen zu heftig gefeiert, da hat es ihm einfach die Füße weggezogen. Es war sehr warm an dem Tag, und da verträgt man eben weniger. Bei mehr als 30 Grad trinke ich auch nur einfach gebrannten Korn und auch nur im Notfall und kleine Schlucke. Keinen Doppelkorn. Ich schaute mich im Krankenwagen um. Die Fenster waren abgeklebt, so konnte ich nichts von der Gegend sehen. Die beiden Sanitäter kauten Kaugummi und spielten mit den Händis. Wenn es sehr ernst um mich gestanden hatte, hätten sie sich bestimmt pietätvoller verhalten, dachte ich. Obwohl, man weiß das nie. Diese Bengel sind doch heutzutage so in ihre Schießspiele vertieft, dass die gar nicht merken würden, wenn direkt neben ihnen eine alte Dame heimgerufen wird, richtiggehend stirbt!

Ach, wenn was passiert, dann kommt aber auch immer alles zusammen. Wir hatten nämlich erst vor ein paar Monaten einen Unfall mit Krankenhausbesuch! Die Aufregung hatte sich gerade gelegt und nun ich. Damals hatte es Kurt erwischt. Schuld war Gunter Herbst.

Frauen sind ja meist misstrauisch gegeneinander, erst recht, wenn sie älter werden. Ach, dieser Neid! Die eine denkt nur schlecht von der anderen. Furchtbar, sage ich Ihnen.

Männer sind da nicht so kompliziert. Die brummen sich kurz an, nicken, und schon sind sie die dicksten Freunde. Das hält dann für das ganze Leben – oder für den kurzen Rest, den sie noch haben, je nachdem.

Wie im Fall von Kurt und Gunter.

Kurt kennense ja schon, den Mann von Ilse, der mit

dem Koyota, nich? Gunter Herbst ist mittlerweile so was wie der Lebensgefährte von Gertrud. Sie erinnern sich bestimmt, ich habe schon mal kurz von ihm erzählt. Das ist der, der mit dem Erntegespann das Brautpaar fahren wollte, wenn ich nicht eingegriffen hätte. Ich weiß auch nicht, was sie an dem findet, aber nun gut. Die beiden passen prima zusammen. Eine Zeitlang hatte sie es ja auf einen verwitweten Arzt abgesehen und auf dem Friedhof sogar wildfremde Gräber gegossen, nur um in seine Nähe zu kommen. Aber es hat nicht funktioniert. Seine Zugehfrau – so ein junges Ding von noch nicht mal 50 Jahren – hat ihn sich geschnappt und ihn weggeheiratet, als Gertrud noch die Begonien fremder Leute goss. Sehr böse Sachen hat Gertrud in ihrer Wut über die Dame gesagt. Dass sie eine Erbschleicherin wäre und dass sie ihr wünscht, dass es ihr ginge wie der Frau vom Heesters. Der ist weit über 100 geworden, bevor die an das Geld kam. Und dann kam sie plötzlich mit Gunter an. Also Gertrud, über die Frau Heesters weiß ich auch nicht genau Bescheid. Er fährt Gertrud überall hin, und sie macht ihm dafür ein bisschen den Haushalt. Gunter wohnt ein Stück vor Berlin auf einem kleinen Dorf und hat da ein Häuschen, was langsam verfällt. Wenn keine Frau im Haus ist, verlottern Männer ja schnell. Das meine ich gar nicht böse, das ist einfach so. Gertrud hat erst mal Grund reingebracht, und ich war auch ein paar Mal zum Putzen mit draußen, nee, ich sag Ihnen … ein Dreck! Aber darüber wollen wir mal den Mantel des Schweigens decken, darüber spreche ich nicht. Gunter hat auch seine guten Seiten.

So hat er Kurt zum Beispiel beim Holzsägen geholfen. Ilse und Kurt haben in der guten Stube noch einen Kachelofen, der mit Holz beheizt wird. Das ist gar nicht verkehrt, wenn man noch eine Ausweichmöglichkeit hat und nicht auf das Öl oder das Gas angewiesen ist, sag ich Ihnen; wer weiß, was noch kommt mit dem Russen und dem Araber. Nee, und er gibt ja auch eine viel behaglichere Wärme als die Zentralheizung ab. Wenn man sich mit dem Rücken an den Ofen lehnt und es so schön mollig kribbelt, ach, das ist was Feines. Das wärmt ganz anders durch. Kurt ist 87, da fällt ihm so schwere Arbeit wie Holzsägen auch nicht mehr so leicht. So eine Kreissäge ist ein lautes und gefährliches Gerät, und mit seinen Augen – nee! Ilse sagt, ihr war schon seit Jahren nicht mehr ganz wohl bei der Geschichte. Sie macht das Stubenfenster immer fest zu und guckt auch gar nicht hin, sie kann das Geräusch nicht gut ertragen, sagt sie.

Letzten Herbst half dann der Gunter dem Kurt. Die beiden haben eigentlich gar nichts gemein, und doch verstehen sie sich wie Brüder. Sie reden nicht, sie nicken nur. Ab und an stoßen sie ihre Bierflaschen aneinander und einer sagt «Jau». Das ist dann aber auch schon alles. Man kann da nur den Kopf schütteln, aber Männern reicht das wohl, um Freunde zu sein.

Es war ein Mittwoch, ich weiß es genau, weil Ilses Nachbarin da immer freihat, und das war Kurts großes Glück.

Kurt und Gunter legten mit dem Holz los, sie schleppten Äste von einem Haufen heran, und die Kreissäge brummte. Dazwischen tobte die ganze Zeit Norbert herum, Gertruds Doberschnauzer. Für Norbert ist es immer wie im Paradies, wenn er draußen umherjagen kann. Ob bei Gunter draußen oder bei Ilse und Kurt – wenn er genug Auslauf hat, ist er abends viel ruhiger, braucht nur von Fall zu Fall sein Bier, und Gertrud kommt auch besser mit ihm zurecht. Außer bei der Zeitumstellung, da spielt er immer noch völlig verrückt. Wenn die Uhr im März vorgestellt wird, dann will Norbert nachmittags um vier seinen Abendbrotpansen, und wenn Gertrud Tagesschau guckt, kläfft er schon wieder vor Hunger. Wo war ich? Ach, die Kreissäge, ja.

Es wird wohl immer ein Rätsel bleiben, was genau passiert ist. Ich verstehe auch nicht, wie die beiden sich überhaupt verständigten an dem schweren Gerät; wissense, Kurt sieht nur zu 40 %, und Gunter hört schwer. Dazu die laute Säge. Kurt sagte hinterher, er hätte genickt und gerufen, aber Gunter hat nichts gehört und das Nicken als Gruß verstanden. Auf jeden Fall war der Finger ab. Kurts Finger. Der Zeigefinger an der linken Hand, knapp überm zweiten Gelenk.

Kurt schimpfte und schrie, der Finger lag im Sägemehl, Gunter guckte mit großen Augen und rief nach Ilse. Ilse brüllte geistesgegenwärtig nach der Nachbarin, die eben zum Glück den freien Nachmittag hatte. Sie verbanden den armen Kurt mit einem Küchenhandtuch. Sie müssen wissen, Ilse kocht ihre Wäsche gründlich aus, wie es sich gehört, da ist alles sauber und steril. Macht auch kaum noch jemand, heut wird ja alles nur bei 40 Grad durchgespült, und dann wundern se sich, dass es nicht richtig reine wird. Nee, bei Ilse sind die Küchentücher gekocht, gestärkt und gemangelt, da könnense auch eine klaffende Wunde mit verbinden. Die Nachbarin, Frau Stärke, fuhr gleich mit Kurt zum Krankenhaus, damit genäht oder operiert werden kann – der arme Kerl musste doch gerettet werden!

Als Ilse sich wieder etwas gesammelt hatte, rief sie mich an, und natürlich war ich sofort zur Stelle. In so einem Notfall ist auf eine Renate Bergmann Verlass, da lasse ich sogar «Rote Rosen» sausen. Als ich mit dem Taxi ankam, weinte Ilse und zitterte am ganzen Körper. Gunter fegte das Sägemehl zusammen und fand dabei endlich den Finger. Mir fuhr der Schreck durch alle Glieder. Das war nicht schön anzusehen! Wenn im Fernsehen so ein Schießfilm läuft und Blut kommt, halte ich mir auch immer die Hände vor das Gesicht. Mir wurde ganz flau bei dem Anblick. Aber wenn es ernst ist, reißt man sich zusammen und vergisst seine Angst. Mir fiel ein, dass ich erst ein paar Wochen vorher in der «Apothekenumschau» einen Bericht darüber gelesen hatte, dass man einen abgesägten Finger heutzutage unter Umständen wieder annähen kann.

Ilse wurde ganz blass bei dem Gedanken und verdrehte die Augen. «Ilse, reiß dich jetzt zusammen! Es geht um Minuten!», fuhr ich sie an. Man muss mit Ilse manchmal laut und direkt reden, sie lässt sich sonst zu sehr gehen und dudelt sich fest, bis sie gar nicht wieder aufhören kann. Wie so eine alte Tante. Aber schließlich ging es um Kurts Finger, und auch wenn der Mann schon alt ist und es um die linke Hand ging, man hat seine Finger doch lieber komplett, nich?

Ilse schluchzte laut auf, aber unter Tränen folgte sie meinen Anweisungen:

«Lauf und hol einen Beutel mit Eiswürfeln.» Ilse rannte los wie kurz nach dem Krieg, als wir vor den Russen weggerannt sind. Also, so schnell es ging, Sie wissen ja, sie ist 82. «Gunter», wandte ich mich an Gunter Herbst, «wo steht das Auto? Wir müssen hinterher ins Krankenhaus und Kurt den Finger bringen. Dann nähen die den wieder an!»

Taub, wie Gunter war, hatte er bestimmt nur die Hälfte verstanden, und ich versuchte gar nicht erst, ihn zum Aufheben des Fingers zu überreden, sondern ging selbst auf die Knie. Ilse war jetzt auch mit dem Plastebeutelchen zur Stelle, mit den guten von Tophits Gott sei Dank. Mich schauderte, aber ich fasste Kurts Finger an und legte ihn rein. Ilse half mir hoch, und ich putzte mir die Sägespäne vom guten Kleid. Auf dunkelblauem Silastik klebt das Zeug ja wie verrückt, aber für Eitelkeit war keine Zeit. «Gunter, das Auto!», rief ich noch mal mahnend über den Hof. Gunter hat einen ganz kleinen Wagen mit nur zwei Türen und einer 50 hinten auf der Scheibe. 50 langt auch, es wird viel zu schnell gerast heutzutage. Wir klappten den Sitz um, und Ilse versuchte, hinten einzusteigen. Ich schubste ein bisschen, aber wir kriegten sie erst nicht rein. Man muss rückwärts einsteigen; von der Beifahrerseite aus erst das linke Bein nach hinten, dann mit Schwung und Mut den Po hoch und auf den Sitz plumpsen lassen und dann das rechte Bein nicht vergessen nachzuziehen. Es ist nicht leicht, erst recht nicht in einer solchen Schrecksekunde. Der Sitz schnappte nach hinten und drückte Ilse gegen die Knie, aber darauf konnten wir jetzt keine Rücksicht nehmen. Ich setzte mich auf den Beifahrersitz, und los ging's. Gunter hatte Mühe, den gedrosselten kleinen Motor mit drei Personen und Kurts Finger an Bord in Schwung zu bringen, aber als wir auf der Hauptstraße waren und erst mal rollten, ging es gut. Die Eiswürfel in der Tüte schmolzen langsam, und ich konnte die Augen gar nicht von Kurts Finger lassen. Wo ich doch sonst so schreckhaft bin! «Ziemlich dreckig unter dem Fingernagel», dachte ich, aber ich behielt es für mich. Ich wollte Ilse nicht noch beunruhigen, sie weinte ja schon die ganze Zeit. Trotzdem fragte ich mich, wann Kurt wohl das letzte Mal die Fingernägel beschnitten hatte. Der Nagel war wirklich sehr lang, und ich überlegte, ob man ihn nicht des besseren Eindrucks wegen noch mit der Schere aus meiner Handtasche kürzen sollte, bevor wir ihn im Krankenhaus dem Rettungspersonal übergaben.

Die Frage erübrigte sich jedoch. Als wir an der Ampel kurz vor dem Krankenhaus standen, kam uns Frau Stärke entgegen, Kurt auf dem Sitz neben sich. Er hielt seine verbundene Hand hoch und winkte. Es war wohl zu spät, den Finger wieder anzunähen. Man konnte aber keinem einen Vorwurf machen, alle hatten sich große Mühe und ihr Bestes gegeben. Ilse pflegte Kurt mit Hingabe, und nach ein paar Wochen war er tipptopp und fast wie neu. Er kam auch prima mit dem Fingerstummel an der linken Hand zurecht. Kurt musste allerdings noch vier Wochen lang alle paar Tage zum Doktor, das war ein kleines Problem. Einmal ist er vormittags eingeschlafen im Wartezimmer, da hat die Schwester ihn geweckt, als die Sprechstunde vorbei war. Er wollte an dem Tag keinen Mittagsschlaf mehr machen und wuselte Ilse den ganzen Nachmittag vor den Füßen rum, er war ja ausgeruht. Die Woche drauf hatte er gleich um acht den Termin, und als er um zwölf noch nicht zurück war und Ilse gerade die Kartoffeln ins Federbett gestellt hatte, damit sie warm blieben, rief die Praxis an. Sie dachte, er wäre wieder eingeschlafen, aber die Schwester sagte, er wollte nicht aufgerufen werden und würde andere Patienten vorlassen. Kurt hatte seinen Anglerfreund Walter Strüpper getroffen und fachsimpelte stundenlang über Köder und Beißwetter mit ihm. Von da an ist Ilse dann immer mitgefahren zum Arzt.

Einige Wochen später, als wir beim Rentnerfasching zusammensaßen, kam mir die Frage in den Sinn, was wohl aus dem abgesägten Finger geworden war. Ich hatte ihn bei Gunter Herbst im Auto liegenlassen, wenn ich mich recht entsinne. Ich fragte also bei Gunter nach.

«Na, was sollte wohl werden? Ich habe ihn dem Hund gegeben!»

Norbert? Norbert hatte Kurts Finger zu fressen gekriegt? Wissense, mir kam fast der Eierlikör durch die Nase wieder raus, so musste ich lachen. Ich hatte doch gerade an meinem Waffelbecher genippt! Ilse und ich hatten uns schon gewundert, warum Norbert sich in letzter Zeit so gefreut hatte, wenn Kurt ankam. Er sprang ihn an, leckte ihm die Hand und wedelte mit dem Schwanz. Jetzt sah ich schlagartig klar. Ich schüttelte den Kopf und nahm mir vor, Ilse nichts davon zu erzählen. Sie würde nur wieder weinen.

In der Klinik luden sie mich aus und fuhren mich gleich in den Röntgenapparat. Sie zogen und schoben an mir rum, und es tat sehr weh, das kann ich Ihnen sagen. Danach kamen zwei Doktoren und guckten meine Fotos an. Die sehen nur den Knochen, sonst nichts, auch wenn man beim Röntgen unterrum nichts anhatte. Da muss man sich nicht schämen. Die Bilder waren noch schwarzweiß, ganz altmodisch. Selbst auf dem Tomatentelefon habe ich ja schon Farbe!

Es kam, wie es kommen musste und wie ich es auch schon erwartet hatte: Die Hüfte war hin. Gebrochen, knick-knack durch. Ich esse so viel Quark und Käse, alles wegen der Ossiporose und damit es nicht morsch wird – aber es hat wohl nicht ganz gelangt, um die Knochen stabil zu kriegen. Früher wurden die Leute auch nur 60 oder 70, da mussten die Knochen nicht so lange halten. Wenn man dann über 80 ist, kann man nicht erwarten, dass da so ein Plumps auf das Parkett ohne Schaden abgeht. Das ist mit uns Alten wie mit dem Jockurt: Wenn die Zeit abgelaufen ist, kann man das Glück haben, dass noch eine Zeitlang alles gutgeht, wenn man jedoch Pech hat, ist man einfach drüber. Aber eine Renate Bergmann haut das nicht um. Wissense, ich bin eine Frau und kein Mann. Sie kennen ja das Theater, was Männer machen, wenn sie krank sind. Frauen leiden auch, aber sie lassen es nicht jeden gleich wissen. Und sie denken nicht immer gleich, dass sie sterben müssen.

«Jetzt musst du kämpfen, Renate», dachte ich bei mir. Ich sollte noch in der gleichen Nacht operiert werden. Zuerst brachten sie mich aber auf ein Zimmer, in dem ich «vorbereitet» wurde. Das hieß, dass sie mich splitternackt auszogen und mir so einen Kittel anzogen, nee, Sie machen sich keine Vorstellung! «Das Ding ziehe ich nicht an, das ist ja hinten offen!», schimpfte ich die Schwester an. Sie diskutierte jedoch nicht mit mir, sondern zerrte an mir rum, dass ich fast aus dem Bett gerollt wäre. Nee, ein rabiates Ding war das! Bestimmt eine umgeschulte Fleischermeisterin. Kein bisschen Feingefühl. Da lag ich in dem grau gekochten Nachthemd mit Schlitz auf dem Rücken. Nicht gestärkt am Kragen, und Weichspüler war auch nicht dran. Es roch nach einer Großwäscherei, wo die faulen Frauen, die selber nicht bügeln wollen, ihre Tischwäsche mangeln lassen. Die riecht auch so. Ich merke so was. Sieglinde Wauschert ist so eine, wenn Sie bei der an der Kaffeetafel sitzen, riechen Sie sofort, dass das Tischtuch in der Wäscherei war. Keine Zeit zum Waschen, aber zum Frühstück schon mit Traudl und Wilma in der Bäckerei vorm Edeka sitzen und für drei fünfzig Kuchen essen, nee, mir müssense nichts erzählen!

Ich musste dann wohl einem halben Dutzend Ärzten und Schwestern erzählen, wann ich zuletzt gegessen hatte, was es war und wie ich mich fühlte. Und wann ich Stuhlgang gehabt hatte. Die Ärzte sprachen meist nur gebrochen Deutsch. Die kennen sich schon aus, ja sicher, da mache ich mir keine Sorgen. Aber ob sie immer alles so richtig verstehen? Ob die wissen, dass es bei mir die Hüfte ist und nicht die Bandscheibe? Ich kam gar nicht zur Ruhe. Die Engländer zum Beispiel fahren mit dem Auto auch alle auf der falschen Seite. Die wissen gar nicht, wo links und wo rechts ist. Ich habe deshalb zur Sicherheit mit einem Kuli die richtige Hüfte markiert und einen Pfeil drangemacht. Danach war ich beruhigt. Man liest ja so oft, dass sie die falsche Seite aufschneiden oder das falsche Bein amputieren … nee, das passiert einer Renate Bergmann nicht, da passt sie auf! Man muss ja als Patient immer auch ein bisschen mitdenken. Ich helfe, wo ich kann.

Die Schwester hat zwar geschimpft und mir Dessi… Deffistion… also, sie hat mir die Hüfte mit stinkendem Zeug wieder sauber gewischt, aber da hatte ich schon Tabletten zur Beruhigung bekommen, und es war mir egal.

Alle sagten, dass es eine Routineoperation wäre und dass gar nichts passieren könne. Sie hätten alles im Griff. Aber das sagen sie immer, mir muss man doch nichts vormachen. Ich bin doch nicht plemplem. In meinem Alter, nee, da muss man mit allem rechnen. Eine Narkose ist eine Narkose, damit muss der Körper erst mal zurechtkommen! Ich hatte große Angst, also bevor ich die schönen Tabletten bekam, und erinnerte mich an Ilses Nachbarn.

Da hieß es auch, das ist nur Blinddarm, Blinddarm operiert doch heute schon der Pförtner. Und dann ist er daran gestorben. Nun, vielleicht hat ja wirklich der Pförtner operiert, wer weiß das schon? Wenn die Doktors ihre Kittel anhaben und den Mundschutz um, wer weiß dann noch, wer sich dahinter verbirgt? Man sieht ja nichts!

Ilse hat für ihren Nachbarn, den Herbert Heckenschnitt, dann den Nachlass organisiert. Beerdigung, Wohnungsauflösung und alles Drum und Dran. Er hatte keine Angehörigen und hat deshalb Ilse das Versprechen abgenommen, und sie ist ja auch so eine, die nicht nein sagen kann. Sie hat ihn ordentlich unter die Erde gebracht – ohne Pfarrer, nur mit einem weltlichen Redner, Herbert war nicht in der Kirche. Es war trotzdem sehr feierlich, da kann man nicht meckern. Da Ilse die Trauerfeier organisiert hatte, mussten wir auch nicht Kuchen vom Buffet eintuppern, sondern konnten die Reste ganz offiziell einpacken lassen. Ein paar Tage hat Ilse dann noch gewartet, bevor sie zum ersten Mal in die Wohnung gegangen ist. Man muss ja an die Pietät denken. Aber damit die Miete nicht noch weiterläuft, sind sie und Kurt dann eine Woche nach der Beerdigung doch rein, es half ja alles nichts, und schließlich war es kein enger Angehöriger, sondern nur der Nachbar. Sie rief mich am Abend an; denken Sie sich, Herbert Heckenschnitt hatte wohl an die 100 Tüten Fertigsuppen und «Faule-Weiber-Soßen» im Schrank! Ilse meinte, die wären zu schade zum Wegschmeißen. Ich sagte: «Ilse, das beleidigt mich jetzt aber! Ich esse doch keine Tütensuppen!», und wollte schon kopfschüttelnd den Hörer auflegen, aber Ilse hielt mich auf. «Warte doch, Renate! Nicht für dich! Aber Gertrud isst das Zeug doch. Mir käme so was ja auch nie in den Topf.» Das hätte mich auch sehr gewundert, schließlich haben wir auf der Bräuteschule zusammen kochen gelernt und wissen als gute Hausfrauen, wie man eine richtige Suppe macht. Dazu brauchen wir keinen Beutel von Knurr.

Kurzum, ich will Sie ja nicht langweilen ... Ilse und ich haben am nächsten Tag zusammen die Suppen durchgeguckt und festgestellt, dass die alle überlagert waren, teilweise schon jahrelang. «Da kann man nichts machen,

Ilse, aber lieb von dir, dass du an Gertrud gedacht hast», wollte ich mich schon bedanken und die Tütensammlung mit Schwung in die Mülltonne werfen, als mir eine Idee kam. «Sag, Ilse, gibt es im Kaufland noch die Aktion, dass man 5 Euro für jeden abgelaufenen Artikel bekommt, den man im Laden findet?», fragte ich unschuldig, und Ilses Augen begannen zu leuchten.

Nun, was soll ich Ihnen erzählen?

Wir haben in den nächsten Wochen immer unauffällig ein paar Beutelchen mit ins Geschäft genommen und dann bei der Verkäuferin abgegeben. Es gab keine 5 Euro, aber immerhin 2,50 Euro. Da konnte man nicht meckern, wir hatten ja genug aus dem Heckenschnitt'schen Nachlass. Nach der dritten Woche guckte die Kaufland-Dame ganz komisch über die Brille und drehte unsere Suppe etliche Male hin und her und hielt sie sogar gegen das Licht. Am Freitag danach musste das Lehrmädel Inventur machen bei den Fertiggerichten und mit einem feuchten Lappen alles durchwischen. Wir haben dann eine Woche Pause gemacht und sind in die Filiale nach Steglitz gefahren. Dort kannten sie uns noch nicht. Wir haben gute 200 Euro rausgekriegt und sie zum Grabstein für Herbert Heckenschnitt dazugetan. Ach, einen schönen schwarzen Stein hat er jetzt und goldene Lettern. Das RIP, das er sich gewünscht hat, haben wir damit noch zu «Ruhe in Prieden» aufgefüllt. Das hätte doch sonst keiner verstanden.

Ich bekam den Blutdruck gemessen und Blut abgenommen. Ich kann das gar nicht gut vertragen, und wenn sie endlich erfolgreich gebohrt haben, wird mir alles grün und blau, und ich sehe tagelang aus wie so eine Drogensüchtige. Sogar Urin musste ich in ein Röhrchen ... also, in die Bettpfanne, und dann haben sie es umgefüllt. Sie wissen schon. Zum Glück hatte ich keinen Spargel gegessen, das wäre mir doch sehr unangenehm gewesen. Alle paar Minuten kam jemand anderes und sagte, dass es nun bald so weit wäre. Dann bekam ich Tropfen. «Einen Schnaps, damit sie besser schlafen», sagte die Schwester, und ich freute mich schon, dass es einen Korn gäbe, aber das war so schlabberiges Zuckerzeuch mit nicht mal 25 %. Ich wurde über den Flur gefahren, und auf einmal waren ganz viele Lampen da, und dann sollte ich bis zehn zählen, und dann war alles aus.

Ich träumte von Walter, von Kirsten, wie sie als Kind das Huhn dressieren wollte und es auf das Sofa gekäckert hat, und davon, dass es bei REWE Persil im Angebot gab.

Dann musste ich austreten. Ich schlug die Augen auf, aber da, wo ich sonst immer aus dem Bett steige, war ... huch.

Ich war gar nicht zu Hause. Ganz langsam dämmerte es mir, und ich erinnerte mich, was passiert war. Neben meinem Bett saßen Stefan und Gertrud. Gertruds Parföng stieg mir gleich in die Nase. Sie mischt oft 4711 und Tosca, da hat sie Frische und Eleganz in einem, sagt sie immer. Sie macht es aber nur, wenn sie mit einem Herrn ausgeht oder wenn Beerdigung ist. Es schien also ernst um mich zu stehen.

«Tante Renate», sagte Stefan erleichtert.

Sie hatten offenbar nicht damit gerechnet, dass ich noch mal wach werde. Hoffentlich hatten sie die Wohnung noch nicht aufgelöst.

«Wie geht es dir?», fragte Gertrud.

«Ich muss pullern, helft mir mal hoch.»

Alle beide sprangen auf und riefen durcheinander, dass ich das lassen soll.

Dann eben nicht.

Ich ließ mir erzählen, was ich verpasst hatte. Die Operation war glatt verlaufen, die Ärzte hatten meine gute Konstitution gelobt. Keine zwei Stunden hatten sie an mir rumgeschnippelt und gesägt. Ich hatte jetzt Zement im Becken, und sie hatten den Knochen mit Schrauben und ... ach, ich wollte das gar nicht hören. Das gruselte mir nur und machte mir Sorgen. Ich wollte nur wissen, ob ich wieder gesund werden würde. So, wie die Dinge standen, gaben sie Anlass zu den allerbesten Erwartungen. Was und wie und wie lange – das würde später der Arzt sagen. Nun gut, offenbar war ich wirklich noch mal davongekommen.

Die Hochzeitsfeier war jedenfalls abgebrochen worden. Ilse und Gertrud hatten den Kuchen portionsgerecht eingefroren. Auch die Reste vom Buffet waren gut verstaut. Gertrud ist vielleicht nicht die beste Hausfrau, aber wir gehen ja alle paar Wochen zu Beerdigungen und bevorraten uns da mit Räucherwurst und Frikassee, da kennt sie sich aus und weiß, was zu tun ist. In dem Punkt ist Verlass auf sie. Genug Tupperdosen hat sie auch.

«Stefan ...», setzte ich zu fragen an.

«Sie kommt. Sie kommt sofort, ich konnte sie nicht

aufhalten. Genau genommen müsste sie jeden Moment hier sein.»

Eigentlich wollte ich nur nach einem Zettel und einem Stift fragen, um für meine Nachbarinnen ein paar Zeilen aufzuschreiben, aber diese Information war noch wichtiger.

Kirsten würde kommen. Ach herrje.

Mein Mutterherz freute sich ja auch ein bisschen, aber man besteht ja nicht nur aus Herz, und ich wusste genauso gut wie Stefan, dass sie hier einen Zinnober veranstalten würde, wie es das Krankenhaus noch nicht erlebt hat. Lassen Sie sie sein, wie sie will – am Muttertag habe ich mich morgens frisch frisiert und hübsch angezogen und am Telefon gewartet, aber es klingelte nicht. Ich dachte schon, sie hat es vergessen, da läutete sie dann kurz vor neun doch noch an. Kurz vor neun, ich war schon fast unterwegs zur Kirche! Auch wenn sie an Feiertagen bis in die Puppen schläft, sie ist im Grunde ein guter Mensch und für die Mutti da, wenn es ihr nicht gutgeht.

Stefan lachte und sagte: «Tante Renate, da musst du jetzt eben durch. Sie ist dein eigen Fleisch und Blut. Du darfst mir auch nicht böse sein, dass ich dringend losmuss, wenn Tante Kirsten kommt.» Der Bengel grinste dabei auch noch ganz frech, nee, also wirklich. Ließ der mich hier allein mit Kirsten?! Mich, eine kranke, frisch operierte Person!

«Ich muss mit Stefan mit, Gunter kann mich nicht fahren, der hat die Gicht», schob Gertrud gleich nach. Eine schöne Freundin war sie, aber das merke ich mir!

Nee, mir ging es recht gut. Die Schmerzen würden vergehen, und ich würde wieder auf die Beine kommen.

Das bisschen Hüfte, meine Güte! Davon lässt sich eine Renate Bergmann nicht aus der Bahn werfen. Deshalb ist das Leben schließlich nicht vorbei. Das heilt zusammen. Meine Mutter hat schon immer gesagt: «Bis du heiratest, ist es wieder heile», wenn ich mir als Kind was getan hatte. Aber ganz ehrlich, heiraten stand nun wirklich nicht auf meinem Plan. Weil ich das nicht mehr wollte, war ich ja hier gelandet, nich?

Die Schmerzen waren schlimm, ich konnte mich kaum rühren, musste nach der Schwester klingeln und nach einer Schmerztablette fragen.

Korn durfte ja bestimmt nicht sein. Die hatten sich ja hier ziemlich piepsig wegen jedem Schnurz, na, da konnte ich mir denken, was das geben würde, wenn die meinen Kornflachmann in der Tasche finden würden. Der zweite war in der Innentasche, da kämen sie wohl nicht drauf.

Gegen Mittag hörte ich es vor dem Fenster röhren. Solche Sportwagen sind ja immer sehr laut. Die machen mir richtig Angst. Kirsten fährt einen wiesengrünen Porsche. Sie macht auch Farbtherapie und tanzt mit traumatisierten Kätzchen mit Seidentüchern zu 12-Ton-Musik. Bei Wiesengrün hat einer der Perser gemaunzt, deshalb wurde der Wagen so gespritzt. Man darf nicht darüber nachdenken.

Das Röhren ließ nach, und dann hörte ich Gezeter. Wortfetzen wie «Notfall», «Meine Mutter wurde operiert» und «Der Chefarzt kann doch auch mal woanders parken» drangen an mein Ohr, ich kann es nicht anders sagen. Ich zog die Bettdecke über den Kopf, aber keine zehn Minuten später stand Kirsten auch schon in meinem Zimmer.

Dem Himmel sei Dank hatte ich das Bett am Fenster gekriegt. Kirsten hat nämlich gleich in einem Büchlein wegen Schengpfui nachgeschlagen, mit ihrer kleinen Reisewünschelrute gewackelt und bestätigte dann, dass ich in der Gesundheitsecke lag. Während sie noch die Reichtumsecke auspendelte und mir sagte, dass das Portjuchhe in den Spind muss und nicht im Nachtschränkchen liegen darf, erzählte sie mir, was es im Sauerland Neues gab. Das interessierte mich zwar nicht, aber wenigstens hielt es sie von weiterem Blödsinn ab. Die Frau vom Bäckermeister war fremdgegangen mit dem Sohn vom Schmied, und die Tochter von Fassmanns war schwanger. Ich stutzte kurz, weil ich mich wunderte, dass das ein Mädchen war, sagte aber nichts.

Kirsten wollte unbedingt den Arzt sprechen, um meine Medikamentenliste zu sehen und zu gucken, ob davon was durch ihre usbekischen Trommelkräuter zu ersetzen war. Meinen Speiseplan wollte sie sich auch angucken, aber den hatte ich versteckt. Ich hoffte, sie würde das wieder vergessen, und ließ sie mit ihrer Wünschelrute lieber auch die Geldecke von Frau Marland, meiner Zimmergenossin, auspendeln. Nee, wissense, ich kenne meine Tochter und konnte mir schon vorstellen, wie das läuft. Kirsten hätte mir für die ganze Woche Salatteller angekreuzt und für Freitag Grünkohlcremesuppe. Kern. Kernsuppe. Sie wissen schon. Kirsten isst nämlich kein

Fleisch. Schon seit Jahren nur Gemüse und Kohl. Nur einmal, da hat sie sich beim Joga was verklemmt, und die Schakren für Fleischappetit haben wieder angeschlagen. Sie hat so geweint am Telefon, weil sie das nicht wollte. Das war aber nach einer Woche wieder weg. Wenn ich für sie Möhrensuppe mache, dann nicht mit Suppenfleisch, sondern nur mit Markknochen. Nee, wenn sie mir im Speiseplan rumstreichen würde, dann müsste ich die ganze Woche labberiges Grünzeug essen und bekäme Reizdarm, nee, nee! Das durfte ich nicht zulassen. Der Appetit war bei mir nämlich sofort nach der Operation wieder da, und ich freute mich auf jede Mahlzeit.

Frau Marland zeigte so viel Interesse für Kirstens Humbug, dass ich schnell abgemeldet war bei ihr. Kirsten war vor Freude ganz außer sich und wollte gleich mit ihr meditieren. Da sie keine Klangschale hatte, hat sie die Bettpfanne angeschlagen und den Gongton als «Ommm» genommen. Sie sagte, im Notfall ginge das auch.

Ich traute mich nicht, so direkt zu fragen, wie lange sie bleiben wollte. Man kann ja nicht mit der Tür ins Haus fallen, dachte ich. Deshalb überlegte ich: Die Praxis – nun, also der Laden, wo sie da Katzen mit psychischen Problemen … – also, die Praxis konnte sie unmöglich längere Zeit geschlossen halten. Sie hatte auch immer Kleintiere da, die mussten ja gefüttert werden. Da ist mir bei meinem letzten Besuch auch was passiert, nee, ich sage Ihnen! Das gab Ärger … nach drei Tagen Gemüse hatte ich so einen Jieper auf Fleisch, das kann ich gar nicht beschreiben. Kirsten hatte am Donnerstag die Praxis mittags geschlossen und war zu einem Seminar gefahren, wo sie mit anderen komischen Frauen über ihre Schakren sprach und dazu Tee aus Kräutern trank, die man hier gar nicht zu kaufen kriegt. Die Luft war also rein, ich war allein. Draußen auf dem Hof hatte ich ein schönes, kräftiges Huhn gesehen, das musste wohl zugelaufen sein. Langen Prozess machte ich nicht – Sie kennen mich ja, ein Huhn zu schlachten ist für mich kein Problem. Es gab eine schöne kräftige Brühe mit reichlich Fleisch. Die Flügel hatte ich zur Seite gelegt, die würden, in Butter gebraten, noch eine weitere schöne Mahlzeit geben. Die Suppe schmeckte ganz anders als so eine labbrige Gemüsebrühe und auch besser als eine mit gekauftem Huhn aus dem Frierer in der Kaufhalle. Das war gar kein Vergleich. Kräftig und herzhaft, ach, ich war richtig satt und zufrieden. Was meinen Sie, was das für ein Geschrei gab, als Kirsten abends von ihrem Geisterzirkel zurückkehrte. Das Huhn war ein Rassetier und als Patient bei ihr, weil es Legehemmung hatte. Ich habe mir Kirstens ganzen Blödsinn gar nicht lange angehört und bin auf mein Zimmer gegangen. Aber ich war im Recht, wissense, nach vier Tagen fegan war ich schon ganz wackelig auf den Beinen. Nicht mal im Hungerwinter 46/47, als wir Lebensmittelkarten hatten, war ich so lange ohne Fleisch! Frau Doktor hat die Woche drauf Blut abgenommen und gesagt: «Frau Bergmann, essen Sie mal wieder ein bisschen kräftiger.»

Jedenfalls waren die Tiere ein Ansatzpunkt, um geschickt rauszukriegen, wie lange sie bleiben wollte.

Dachte ich.

«Kirsten, mein Kind, wer füttert denn eigentlich deine Tiere, wenn du hier bei mir in Berlin bist?», fragte ich unauffällig und nestelte zur Ablenkung an meinem Nachthemd rum. Kirsten schaute vom Boden auf, wo sie im Schneidersitz hockte, und sagte: «Bis Donnerstag erst mal, Mama!»

Nee.

Sie kannte mich besser, als ich dachte.

Und heute war gerade Sonntag! Vor mir lag eine anstrengende Zeit. Und ich meine gar nicht mal die Rehospitaltion. Reha. Na, Sie wissen, was ich meine, nich?

«Aber nicht, dass du dir ein Hotel nimmst, das ist doch zu teuer. Du kannst in meine ...»

«Ins Gästezimmer. Und ich räume nichts um, Mama, versprochen.»

Ich lächelte. Im Grunde ihres Herzens war Kirsten eben doch ein gutes Kind, auch wenn sie nicht alle Kacheln an der Wand hatte.

Zwei Stunden später böllerte sie mit dem Auto von dannen, und der Chefarzt konnte auf seinen Parkplatz fahren. Ich hoffte inständig, dass er nicht merkte, dass sie meine Tochter war. Das wäre mir doch sehr unangenehm gewesen. Ich war überrascht, wie munter ich nach der Operation schon war und was für Gedanken ich mir machen konnte! Trotzdem brauchte ich meine Ruhe und machte länger Mittagsschlaf als sonst. So ein Eingriff ist ja doch eine Belastung für den Kreislauf, das steckt der Körper nicht so ohne weiteres weg. Aber ich war sehr zufrieden, dass mir die Ärzte so viel Mut machten, dass ich in absehbarer Zeit wieder würde gehen können.

Wenn auch etwas wackelig und langsam, aber eine alte Frau muss ja auch nicht mehr rennen wie bei den Olympiaspielen.

Nach dem Nachmittagskaffee – also nach der dürren Lurke, die sie hier im Krankenhaus Kaffee nannten; den durfte selbst ich trinken – ließ ich mir Papier und Kugelschreiber geben und schrieb meinen Nachbarinnen und der Hausgemeinschaft einen Brief:

Meine verehrten Mitbewohnerinnen,
Frau Meiser,
Frau Berber,

aufgrund eines Unfalls muss ich die nächsten Wochen im Krankenhaus und später in Kur verbringen. Während meiner Rekonvaleszenz werde ich nicht in gewohnter Weise die Einhaltung der Hausordnung kontrollieren können.
Sie wissen, wie sehr mir Sauberkeit und Ordnung am Herzen liegen. Ich würde ruhiger schlafen, wenn ich das Haus in guten Händen wüsste und ich mir sicher sein könnte, dass Sie Ihren Pflichten nachkommen und den Flur nicht verdrecken lassen. Bitte, versprechen Sie mir, dass Sie folgende Dinge unbedingt und zuverlässig erledigen:

Jeden zweiten Dienstag müssen bis spätestens 7 Uhr die Restmülltonnen (die grauen!) an den Straßenrand gestellt werden.

Jeden ersten Mittwoch im Monat werden die gelben Tonnen mit dem grünen Punkt abgeholt. Der Fahrer kommt aber schon früher, das habe ich so mit ihm abgesprochen. Er fängt in unserer Straße an. Bitte bis spätestens 6:30 Uhr die Tonnen vor die Straße stellen!
Jeden zweiten Donnerstag (die ungeraden Wochen) wird der Papiermüll abgeholt. Es reicht, wenn die Tonnen um 8 Uhr draußen sind.

Die Tonnen müssen feucht ausgewischt werden, aber bitte keinen scharfen Reiniger verwenden, sonst vergilbt das Plaste. Ich nehme üblicherweise handwarmes Spülwasser. Auf den Boden der Tonnen legen Sie bitte 4 Lagen Zeitungspapier, das saugt die Flüssigkeit auf. Aber nur richtiges Zeitungspapier nehmen, keine bunten Werbeblättchen. Das ist nur Plastezeug und saugt nicht richtig.

Die Haustür ist ab 20 Uhr jeden Abend geschlossen zu halten. Herr Steiner aus dem zweiten Stock macht nach den Tagesthemen noch seinen Rundgang, aber es muss ja nicht sein, dass er Grund zum Klagen hat, nich?

Und nun komme ich zu einer Herzensangelegenheit: der Sauberkeit im Flur. Frau Berber, da spreche ich Sie ganz besonders an. Ich habe in den zwei Jahren, die Sie nun bei uns wohnen, keine Woche erlebt, in der ich nicht nachwischen musste. Bitte, geben Sie sich mehr Mühe. Ich hätte keine ruhige Minute, wenn ich mich nicht auf Sie verlassen könnte.

Bitte!!!

Fegen Sie den groben Schmutz mit einem weichen Besen von der Treppe. Nicht einfach nur mit einem feuchten Lappen drüber und breitmachen, haben wir uns verstanden?
NACH der Trockenreinigung wischen Sie bitte mit ordentlich heißem Wasser und ein paar Spritzern Haushaltsreiniger feucht durch. Ich mache immer ein paar Spritzer TOSCA in das Wischwasser, deshalb duftet es so fein. Das müssen Sie nicht machen, aber wundern Sie sich dann eben nicht, wenn es nicht so fein riecht. Vor den Briefkästen und vor Ihrer Tür, wo der Jamie-Dieter immer die dreckigen Schuhe hindonnert, müssen Sie schrubben. Zur Not muss man auch mal auf die Knie! Wir wollen es ja reine haben, nicht wahr?!
Vergessen Sie das Treppengeländer nicht. Ich habe es letzte Woche erst abgeseift, es sollte also reichen, wenn sie feucht drüberwischen. Aber bitte trotzdem gründlich. Bohnern müssen Sie nicht, das mache ich, wenn ich wieder genesen bin. Das will ich gar nicht verlangen.

Frau Berber, ich verlasse mich auf Sie! Frau Meiser, Sie bekommen die Aufgabe, Frau Berber zu kontrollieren und mir zu berichten. Umgehend. Wenn etwas nicht klappt, bitte, schreiten Sie ein und helfen Sie der Frau Berber. Es fällt doch auf uns alle zurück.

In der Woche darauf sind Sie dann dran, Frau Meiser. Ich verlasse mich darauf, dass das bei Ihnen klappt. Schließ-

lich wohnen wir seit über 10 Jahren unter einem Dach, und ich habe Ihnen oft erklärt, worauf es ankommt.

Bitte, meine Damen, enttäuschen Sie mich nicht.

*Es grüßt Sie in Sorge
Ihre Renate Bergmann*

Es war mir doch eine Herzensangelegenheit, dass das Haus nicht verdreckte. Den Brief würde ich Kirsten morgen mitgeben – es war ja wohl damit zu rechnen, dass sie täglich hier aufkreuzte, wenn sie schon in Spandau war.

Wussten Sie, dass die einen heutzutage schon am Tag nach der Operation wieder zum Sport scheuchen? Sie glauben es nicht; man ist noch ganz benebelt von der Narkose, da heißt es schon: «So, Frau Bergmann, und nun hoch, wir versuchen mal, ein paar Schritte zu laufen!» Ich dachte, ich höre nicht recht. Ich, eine frisch operierte, schwerkranke Person? Ich sollte aufstehen und allein zur Toilette gehen? Nicht, dass ich auf den Schieber gewollt hätte, aber mit der nagelneuen Hüfte einfach so hoch … das kam mir spanisch vor. Man weiß ja nie, gerade heutzutage, wo sie bisweilen niemanden auf der Station haben, der fließend Deutsch spricht. Wer weiß, ob die das richtig verstanden hatten? Nee, da wollte ich, dass beim Herrn Doktor nachgefragt wird. Das konnte doch so nicht richtig sein! Es kam ein junger Herr, der angeblich Arzt war, und nahm meine Hand. Er sprach sehr ruhig und sachlich und erklärte mir, dass ich keine

Angst haben müsste. Die neue Hüfte wäre viel stabiler als mein oller, von Ossiporose zerfressener, morscher Knochen. Es könne nichts kaputtgehen, und wenn mir noch ein bisschen düselig wäre, dann würde Schwester Sabine mich stützen.

Ich überlegte, ob ich mir wohl seinen Ausweis zeigen lassen sollte, aber er sah so aus, als könnte man ihm vertrauen.

Gut, es schien wohl doch so sein zu sollen.

Sagt man das so? So sein zu sollen ... doch, das ist schon richtig.

Ich sollte wirklich aufstehen! Ich war noch sehr wackelig und stützte mich auf den Rollator, den sie mir hingeschoben hatten, aber es ging. Ich machte kleine Schritte und ging ganz vorsichtig, und jawoll, es düselte ein bisschen, aber eine Renate Bergmann ist eine Kämpferin und lässt sich nicht anmerken, dass sie Angst hat, sondern gibt ihr Bestes. Bis zur Toilette waren es nur wenige Schritte, heutzutage ist das ja alles modern eingerichtet, da hat man Bad und Nasszelle gleich auf dem Zimmer. Ach, kein Vergleich zu früher, da hatten wir nicht mal zu Hause Spültoilette! Das Häusel war draußen über den Hof, und wenn man austreten musste, musste man raus, sommers wie winters, Tag und Nacht. Im Winter hatten wir für das kleine Geschäft immer einen Pullereimer stehen, damit man nachts nicht durch den Schnee brauchte. Darüber spricht man eigentlich nicht, aber so war es, glauben Sie mir. Fragen Sie ruhig mal Ihre Oma, die wird es Ihnen bestätigen, das war bei allen Leuten so.

Nee, das war sehr modern eingerichtet im Krankenhaus. Nur Zweibettzimmer und ganz ohne Aufzahlung, auch für Kassenpatienten. Da kann man nicht meckern. Ich hatte Glück und lag mit einer älteren Dame aus Berlin-Moabit auf dem Zimmer, die Kirsten nicht annähernd so störend fand wie ich. Sie hieß Elisabeth Marland, war 77 und hatte auch Hüfte. Ich hätte es auch schlechter treffen können, nicht auszudenken, sie hätten mir so eine zickige junge Bandscheibe aufs Zimmer gelegt, die nur keine Lust zum Arbeiten hat. Das hätte mir noch gefehlt. Aber mit Frau Marland kam ich prima zurecht. Sie hatte früher als Kellnerin gearbeitet und half auch nach der Wende bis ins hohe Alter aus, wenn im Lokal ihres Sohnes eine Hochzeit war oder eine Beerdigung. Ich ließ mir die Adresse aufschreiben, da wollte ich mit Gertrud gern mal vorbeischauen, wenn ich wieder auf dem Damm war. Dort hätten wir sicher auch keine Scherereien, wenn es nach dem Fellversaufen mit den Tupperdosen ans Buffet ging, Frau Marland kannte uns ja jetzt. Sie war nicht gestürzt, das jahrzehntelange Stehen hatte ihre Hüfte mürbe gemacht, und sie bekam links eine Kugel aus Titan.

Frau Marland trank morgens immer ein Zahnputzglas voll Doppelherz, und zwar nicht das alkoholfreie. Das machte eine schreckliche Fahne, und dagegen lutschte sie Pfefferminzbonbons. Abends trank sie zum Einschlafen Klosterfrau Melissengeist, und zwar pur. Wissense, da hatte ich gar kein schlechtes Gewissen mehr wegen meines Korns ab und an. Sie war wirklich sehr nett, und ich konnte prima mit ihr plaudern, aber sie war ein bisschen ungepflegt. Frau Marland hatte acht Katzen zu Hause, aber nicht mal eine Felldüse für den Staubsauger. Können sich ja denken, wie sie aussah. Die ganzen Sachen fusselig, wohin man guckte, waren Katzenhaare an ihrem Morgenmantel, an den Nachthemden, überall. Gerochen hat sie nicht, das muss man ihr zugestehen. Aber überall Katzenhaare. Frau Marland sagt, sie fühlt sich ohne ein paar Haare auf ihren Sachen gar nicht richtig angezogen. Kirsten sah das natürlich auch sofort, und das weckte ihren Geschäftssinn. Sie zeigte Frau Marland Übungen für die Katzen, damit die nicht Bandscheibe kriegen. Sie hat nichts genommen für die Turntipps, nein. Aber Horoskope für Miesi und Fritzi hat sie ihr verkauft, für 49 Euro das Stück. Für Henry und die anderen Streuner ging es leider nicht, weil sie zugelaufen waren und niemand ihre Sternzeichen wusste.

Nun ja. Jedem das seine.

Ich ließ mir trotzdem von Ilse eine Kleiderbürste mitbringen und bin damit immer mal wieder über meine Sachen gegangen, das Zeug fliegt ja rum. Man will schließlich nicht als verlottert gelten.

Frau Marland konnte sich auch nichts merken und war ein bisschen schwer von Begriff. Ich habe nach ein paar Tagen aufgehört, ihr zu erklären, wie das mit den Essenbestellungen funktioniert. Das hatte gar keinen Sinn. Jeden Tag kreuzte sie was an, und wenn es gebracht wurde, war die Überraschung groß. Mal konnte sie sich nicht erinnern, was sie bestellt hatte. Mal behauptete sie, dass sie keinen Fisch isst, obwohl sie ihr Kreuz bei der Forelle gemacht hatte, ich habe es genau gesehen. Und am Freitag sagte sie, dass sie vom Birnenkompott Ausschlag und geschwollene Drüsen bekommt, obwohl sie beim Bestellen am Donnerstag noch davon geschwärmt hatte. Wie die das mit den Bestellungen beim Kellnern machte, wollte ich gar nicht wissen.

Am Dienstag – also zwei Tage nach nach der Operation! – hieß es dann: «Frau Bergmann, lassen Sie sich bitte bequeme Sportsachen mitbringen. Am besten einen Jogginganzug und Turnschuhe, morgen beginnen wir mit Reha-Übungen und machen Ihre Hüfte wieder geschmeidig, sonst werden Sie noch steif.»

Ach du liebes bisschen, da hatten wir den Salat. Wissense, auf alles war ich vorbereitet. Ich war so stolz, dass nichts fehlte in meiner Notfall-Krankenhaustasche – aber an einen Turnanzug hatte ich natürlich nicht gedacht! Wer rechnet auch schon damit! Ich überlegte kurz, ob ich Ilse bitten sollte, aber ... Ilse ist eine liebe Freundin, aber in solchen Dingen ... nee. Sie hat das letzte Mal Sport gemacht, da waren wir noch auf der Volksschule. Wahrscheinlich würde sie sich was für 300 Euro aufschwatzen lassen, und ich könnte beim Olympia mitmachen. Das musste ja nun auch nicht sein. Und Kirsten käme mit Zeug aus Senf. Hanf.

Also Gertrud.

Mhh.

Gertrud?

Wissense, Gertrud ist nicht immer so stilsicher, was Geschmacksfragen betrifft. Sie kombiniert schon mal Grün auf Rot, und wenn es ihr im Sommer zu warm ist, schnallt sie den Büstenhalter auch mal über das Unterhemd, weil er sonst so kneift. Aber bei einem Trainingssportanzug konnte man nicht viel falsch machen.

Dachte ich.

«Gertrud, meine Beste, guten Morgen. ... Ja ... Ja genau. Hier ist Renate.»

Dass die das nie lernt! Wenn ich mit dem Händi anrufe, steht bei ihr «Renate». Auch beim Posttelefon, der Mann von der Telepost hat alles eingestellt, ich weiß es genau. Trotzdem tut sie immer dumm und fragt, wer dran ist, obwohl es doch da steht. So was regt mich auf.

«Ja, schon viel besser. Denk dir, die wollen, dass ich morgen Sport mache. Ja. Ja! Denk dir nur. Und jetzt brauche ich deine Hilfe.»

Ich schilderte ihr meine Notlage: Gertrud musste mir einen Jockeyanzug kaufen.

Wir haben einen netten jungen Mann aus Vietnam auf dem Markt stehen bei uns in Spandau, bei dem kaufe ich gern. Herrn Ling. Er kam schon zu DDR-Zeiten und hat damals im VEB Textilkombinat in Cottbus gearbeitet. Seit der Wende schlägt er sich mit dem Verkauf von Damengarderobe auf der Straße durch. Er hat immer Tipptopp-Qualität, da kann man nicht meckern. Ich war bisher immer zufrieden. Man kann bei ihm nicht anprobieren auf offener Straße, aber er tauscht anstandslos um. Und man kann mit ihm handeln. Wenn Herr Ling sagt: «Zwanzig Euro», dann lache ich, sage: «Fünfzehn, Herr Ling», und meist einigen wir uns auf achtzehn. Zwei Euro sind auch Geld, nicht wahr? Bald vier Mark, rechnen Se mal. Dafür kriegt man schon wieder ein Brot. Herr Ling nimmt mir auch immer gern ein Glas von Ilses Mehrfruchtmarmelade ab, die sonst niemand will. Nee, der Herr Ling ist ein ganz Netter, bei dem kaufe ich gern und werde immer gut bedient. Ich hole bei ihm auch ab und an mal Zigaretten für Stefan. Ich bin ja nicht fürs Rauchen, aber wenn der Junge nun schon dieses Laster hat, dann soll es doch wenigstens so preiswert wie möglich sein, nich? Er hat doch auch nur ein kleines Gehalt. Herr Ling holt mir immer von hinten eine Stange und gibt sie mir tuschelnd in einer Plastetüte, irgendwas ist da mit dem Zoll oder der Steuer. Aber die Textilsachen sind alle legal und beste Ware, da kann man nichts sagen.

Ich bat Gertrud, beim Herrn Ling nach so einem Jockinganzug zu schauen. Gertrud kennt Herrn Ling auch, sie kauft immer ihre Kittelschürzen bei ihm. Sie kauft ja bald alle zwei Wochen eine und hat den ganzen Kleiderschrank voll mit diesen bunten Dingern. Gertrud kauft auch Sand in der Wüste, die reicht keinen Monat hin mit ihrer Rente. Letztens kam sie mit einem Besteckkasten nach Hause; Messer und Gabeln für zwölf Personen. Den hat sie einem Mann namens Dragomir in der U-Bahn abgekauft, für 90 Euro. Angeblich echtes Sterlingsilber, aber als ich die Bockwurst damit schneiden wollte, brach die Klinge ab, und das Silber war runter vom Löffel, als sie damit das Gulasch umgerührt hat. Wenn sie mal kocht, dann kocht sie aber auch recht scharf, das muss man sagen.

Hätte ich doch nur klar gesagt, was für einen Jockinganzug ich will. Mir war gleich ganz mulmig, als ich so vor mich hin grübelte. Gertrud hat so gar kein Händchen für

Bekleidung. Als wir letzthin einen Rock für sie kaufen wollten, passte sie nicht mehr in die 46 rein und schimpfte, dass es an den spanischen Größen liegt. Aber sie lässt lieber den Reißverschluss offen, als dass sie eine Nummer größer nimmt. Das macht die Berber auch manchmal, und dann ist es ihr zu peinlich, wenn man die Größe auf dem Schnippel sieht, und sie trennt ihn raus. Ich habe es gehört, wie sie es im Treppenhaus der Meiser erzählt hat, und es stimmt. Als ihr Pullover auf der Leine hing, konnte ich es sehen: Der Schnippel war rausgetrennt.

Ganz vorsichtig öffnete ich die Tüte, die mir Gertrud am Nachmittag stolz auf mein Bett legte. Sie ahnen es nicht, was die mir anschleppte: einen rosa Frotteeanzug mit einer Prinzessin und einem Pferd auf der Brust. In Größe XXL! Oder noch mehr Xe, ich hatte die Brille nicht auf und konnte es so schlecht sehen. Ich suchte nach Worten. Solche Farben hatte ich noch nie gesehen!

«Gertrud. Das ... Den ...»

Ja sicher, es geht nicht darum, die Schönste zu sein beim Turnen, und die Hauptsache war, dass es bequem war, aber DAS konnte ich nun wirklich nicht anziehen. Eine Renate Bergmann ist und bleibt immer noch eine Dame und geht nicht wie ein loses Mädchen vom Gewerbe unter die Menschen!

«Gertrud. Du lässt dir jetzt von Ilse ein Glas Marmelade geben, die nimmst du und bringst sie dem Herrn Ling. Er isst die gern. Dann sagst du ihm einen lieben Gruß von mir und tauschst das Ding um. Größe 38, das ist M. Und bitte, in Grau, Beige oder *eventuell* noch Dunkelblau. Aber ...» Ich schluckte es lieber runter, bevor Gertrud noch böse auf mich wurde. Es half ja keinem, wenn sie beleidigt war.

«Dirnenfarbe», dachte ich deshalb nur im Stillen bei mir und sagte es nicht laut.

Im Grunde hat es Gertrud ja nur gut gemeint. Sie hatte mir sogar eine Waschtasche mit Kosmetik mitgebracht, die gute Seele. Als ob ich das nicht in meiner Krankenhaustasche drin gehabt hätte. Seife hatte ich dabei, die gute von Lux, man will ja nicht als Billigheimer dastehen und sich im Krankenhaus mit Kernseife waschen. Auch Trockenhaarwäsche und Seiflappen und Gebissreiniger, alles, was man braucht. Ich freute mich trotzdem, dass Gertrud mir Waschzeug brachte, das war sehr lieb von ihr, und mir wurde ganz warm ums Herz. Ich guckte die Fläschchen alle genau an, man muss bei dem Kram ja höllisch aufpassen. Letzten Sommer hat Ilse Sonnenmilch gekauft. Jawoll, wir sind alt und runzelig, aber Sonnenbrand muss dann nicht auch noch sein. Also haben wir uns ordentlich eingeschmiert mit dem Zeug, bevor wir mit dem Seniorenverein in den Zoo gingen. Sie glauben es nicht; am Nachmittag waren wir überall mokkabraun. Wie die Geschiedene vom Bohlen haben wir ausgesehen, diese Näddel. Ilse hat nämlich versehentlich Selbstbräuner gekauft statt Sonnenmilch. Da kann sie gar nichts dafür, das stand direkt daneben in der Drogerie, und die Flasche sah auch so aus. Nee, man muss auf alles höllisch aufpassen heutzutage. Kurt hat auch mal die WC-Ente und das Latschenkieferbad verwechselt und sich gewundert, dass es nicht schäumte wie gewohnt. Ilse hat ihn ordentlich eingecremt hinterher, sodass es ihn nicht so juckte und sich auch die Blasenbildung in Grenzen hielt.

Aber dieses Mal hatte Gertrud nur Kosmetik gebracht, die eindeutig war. Eindeutig in einem Hotel gekl... eingesteckt.

Gut eine Woche war ich nun im Krankenhaus. Ich machte mir zunehmend Gedanken, ob die Daheimgebliebenen wohl ohne mich zurechtkämen. Ilse und Kurt. Gertrud. Und Stefan mit der schwangeren Ariane! Wissense, schlimm war auch, dass mein Onlein auf dem Händi nur ganz langsam ging. Ich konnte nicht beim Fäßbock schreiben, es hakte, und der Bildschirm war weiß, und alles zog sich sehr hin. Das lag daran, dass die keinen Funksendemast in der Nähe hatten. Ich habe mit den Schwestern diskutiert, aber sie konnten es auch nicht schneller machen, und ein neuer Mast wurde erst später im Jahr montiert. Erst dachte ich, ich wäre wieder eine Drossel, weil mein Onlein alle ist, aber Stefan sagte, das hätte nichts damit zu tun. Es ist aber auch kompliziert und immer wieder was anderes. Das war schon mal, damals aber zu Hause. Da war auch das Onlein kaputt. Nee, das ging so nicht, das konnte so nicht bleiben! Deshalb habe ich angerufen im Internet. Also, bei der Telepost. Man hat sich schließlich gewöhnt an Twitter und den Fäßbock und auch an die Apps vom Wetter und von Telelotto und von der Bahn. Nee, also, ich könnte gar nicht mehr ohne Interweb. Ich habe also angerufen und gefragt, was da los ist. Vom Posttelefon aus, Händi ist ja teurer. Das muss nicht sein, es hat ja keiner was zu verschenken!

Ich musste Musik anhören, so dröseliges Gebimmel, das fing immer wieder von vorn an. Immer, wenn es leise wurde, dachte ich, nun wäre jemand dran, und fing an zu sprechen: «Guten Tag, hier ist Renate Berg...» Aber dann kam wieder nur eine Stimme vom Band und sagte, dass die Sörwissplätze alle belegt wären und dass ich einen Augenblick Geduld haben soll und die Nächste sei. Das ging wohl 6 oder 8 Mal so. Dann knackte es, und eine Frau sagte, es würde aufgezeichnet. Vielleicht. Weil sie sich verbessern wollen. Sie, ich sag Ihnen, nachdem ich 15 Minuten gewartet hatte und immer noch Bumsmusik lief, da hoffe ich mal, die haben lieber nicht aufgezeichnet, was ich gesagt habe. Ich war ziemlich böse, und mir ist das eine oder andere Wort rausgerutscht, was nicht meiner Kinderstube entspricht. Irgendwann hatte ich endlich ein Fräulein dran. Es hieß Ronja-Mellody Schmidt, und ich wollte am liebsten gleich wieder auflegen. Aber nun hatte ich so lange gewartet, nun wollte ich es zumindest probieren mit Fräulein Räubertochter. Ich musste meine Rufnummer ansagen, meine Vertragsnummer und ach, was weiß ich noch alles. Hatte ich ja alles parat, eine Renate Bergmann ist da organisiert. Auf einmal fragt die mich, was mein Lieblingsfilm ist, wie der Mädchenname meiner Mutter war und wann ich geboren wurde. Ich dachte, ich hör nicht recht. Was geht die denn das an? Und fragt man eine Dame nach dem Alter? Diese jungen Leute ... ich war so aufgebracht! Aber ich sagte mir: «Renate, ruhig Blut. Die Menschen sind heute eben so, man muss sich arrangieren.»

Nachdem ich ihr erzählt hatte, dass mein Lieblingsfilm «Die Csardasfürstin» mit Marika Rökk ist, reichte es dem Schmidtfräulein schon, und ich durfte mein Problem sagen. Es waren ja schon fast 25 Minuten rum, und ich musste die Kartoffeln kleiner stellen, sonst hätten die noch angesetzt. Ich brachte also vor, dass mein Onlein nicht geht und dass sie mir gar nicht kommen soll mit «neu starten». Das hatte ich nämlich schon gemacht. Stefan sagt das immer. Wenn er nicht weiterweiß, zuckt er mit den Schultern und macht: «Mhh. Einfach mal den großen Knopf lange drücken und warten, bis das Händi wieder an ist. Dann müsste es wieder gehen.»

Ging aber nicht. Ich habe es wohl 10 Mal probiert.

Fräulein Ronja klopfte in ihren Computer, man konnte das Geklapper ganz genau hören. Dann sagte sie, ich wäre eine Drossel und am nächsten Ersten ginge es wieder schnell.

Unverschämtheit. Drossel! Ich? Gut, hin und wieder nehme ich einen Korn, das wissen Sie ja. Aber deshalb darf man einen Menschen doch wohl nicht abstempeln und beleidigen! Ich trinke den nur für die Nerven und gegen den Zucker. Sie hat es mir dann ganz genau erklärt. Man kann nämlich nicht so viel Internet nehmen, wie man will. Kann man, aber das kostet dann mehr. Ich hatte mein Onlein verbraucht, und deshalb hatte die Telepost es nun langsam geschaltet. Das lag bestimmt daran, dass Ilse die Videos von Helene Fischer geguckt hatte den einen Nachmittag. Ilse sagt immer, im Händi ist Strom drin, und sie fässt nichts mit Strom an, was sie nicht kennt. Nur ihren Mixer, die Heimtrockenhaube und den Staubsauger. Für Ilse sind schon Pommies «neumodisches Zeug». Aber irgendwie war sie wohl doch neugierig geworden und spielte an dem Tomatentelefon – ich habe sie erwischt. Ich war nur kurz austreten. Na ja, kurz ... In meinem Alter dauert das eben einen Moment, bis die Strumpfhose runter und wieder hoch ist. Jedenfalls komme ich zurück in die Wohnstube und sehe sie mit den Fingern am Scheibentelefon. Die Brille ganz vorn auf der Nasenspitze und die Zunge halb raus. Ich sach: «Ilse!», sach ich, «Ilse, warte, ich zeig dir das gern. Aber spiel nicht einfach dran rum, man kann ganz schnell was kaputt machen! Das ist ein empfindliches Gerät.» In Wahrheit musste ich daran denken, wie ich seinerzeit mit dem Apparat versehentlich das Abendkleid von Prinzessin Diana gekauft hatte. Jetzt, wo Ilses Finger über die Glasscheibe huschten, wurde mir heiß und kalt. Ich sah schon einen Lastwagen mit 40 Rinderhälften aus Rumänien hier vorfahren, weil meine Freundin bei Ebai «Gefällt mir» drückt. Ich nahm das Händi an mich, und wir guckten Musik. Ilse mag ja Andrea Berg mehr als Helene Fischer, aber bitte. Es war doch mein Taschentelefon!

Die Fräulein Melodie von der Telepost sagte, da hätten wir doch den Grund. Daran änderte auch nichts, dass ich GEZ überwiesen hatte, das hätte angeblich gar nichts damit zu tun. Ich hatte den Überweisungsssschein parat und hätte ihr sogar noch die IVAN gesagt, wenn sie gewollt hätte, diese neue lange Kontonummer mit den vielen Nullen, wo man sich immer verschreibt. Aber es hatte gar nichts damit zu tun. Fräulein Schmidt hat mir das ganz genau und sehr freundlich erklärt. Da kann man nicht meckern. Ich wollte dann noch mal anrufen und ihren Chef sprechen und gute Meldung über sie machen, aber als die Bumsmusik zum dritten Mal losging, habe ich doch aufgelegt.

Mir ging es von Tag zu Tag besser. Je mehr Zeit man zum Überlegen hat, desto mehr zweifelte man an dem Sinn von dem, was die hier im Krankenhaus mit einem veranstalten. Können Sie mir erklären, warum man jeden Tag Fieber gemessen bekommen muss? Und dann diese Thrombosestrümpfe … nee! Jeden Morgen habe ich mich bei den Ärzten, Schwestern und Pflegern erkundigt, ob das alles sein muss. Schon nach ein paar Tagen hatte ich den Ruf weg, schwierig zu sein, und ich glaube, niemand war wirklich böse, als sie mich umbetten konnten.

Schwester Sabine kam und erklärte es mir: «Frau Bergmann, Sie gehen in ein paar Tagen zur Reha. Mit der Hüfte müssen Sie erst mal umgehen lernen und fleißig trainieren, damit sie wieder zurück in den Alltag finden. Schließlich wollen Sie ja nicht ins Heim, oder?»

Na, darauf könnense sich aber verlassen! Ich und ein Heim. Mir stieg schon der Puls hoch, wenn ich nur daran dachte.

«Nee, das ist doch keine Frage. Selbstverständlich gehe ich gern auf die Kur.»

«Reha, Frau Bergmann. Nicht Kur. Das ist ein Unterschied.»

Jaja, zum Henker. Die mit ihren neuen Namen für alles! Die wusste doch genau, was ich meinte, warum musste sie mich dumm aussehen lassen und mich verbessern? Die brauchen doch heute für alles neue Namen, da können Sie hingucken, wo Sie wollen. Polyklinik dürfen wir auch nicht mehr sagen, das heißt jetzt Ärztehaus. Dabei ist es das Gleiche. Ich sag Polyklinik, die wollen uns doch nur verrückt machen und durcheinanderbringen.

Oder bei LIDL. Wenn die «Italienische Woche» haben, dann heißt der Kochschinken Proschutti und kostet das Doppelte. Da muss man so aufpassen! Aber nicht mit mir, ich mach den Quatsch nicht mit. Dann kaufe ich eben keinen, esse in der Woche rohen Schinken und kaufe die Woche drauf wieder gekochten, wenn er auch wieder so heißt.

Nicht mit Renate Bergmann!

Letzthin haben mich Stefan und Ariane eingeladen zum «Brunch». Ich habe erst mal beim Gockel nachgeschlagen und rausgefunden, dass man Bransch sagt, aber Brunch schreibt. Das ist, wenn man spät frühstückt, und es gibt Rührei und Sekt. Früher haben wir Gabelfrühstück gesagt. Wieso muss das denn alles neu? Wegen Geld!

Im Gesundheitswesen ist das auch so. Ab und an schreibt Frau Doktor mir Massagen auf. Ich will nicht jammern, aber ich habe so mit der Schulter zu tun. Das jahrzehntelange Sitzen am Kartenschalter auf dem zugigen Bahnhof hat seine Spuren hinterlassen. Da zwickt es manchmal runter bis in den Unterarm. Massagen helfen da ganz prima, die tun sehr gut. Aber mehr als zwei Serien darf Frau Doktor nicht aufschreiben, weil sonst die AOK sagt: «Nee, für die alte Bergmann bezahlen wir das nicht mehr», oder weil Frau Doktor kein Büdschee mehr hat oder was weiß ich. Da hat mir die Frau Knauer von der Phüsietherapie den Tipp gegeben, dass mir der Zahnarzt Massage aufschreiben soll. Ich soll sagen, dass die Schmerzen vom Zahn kommen, dann schreibt er Massagen auf, die Kasse bezahlt, und Frau Knauer kann weiter kneten. Das ist doch bekloppt, was man für Koppstände machen muss, damit man zu seiner Massage kommt! Die veralbern sich doch alle gegenseitig, ich sach Ihnen, nee, das macht keinen Spaß. Aber sie wollen es ja so haben, bitte. Dann eben Massage vom Zahnarzt und in Gottes Namen auch Reha statt Kur.

Auch wenn es das Gleiche ist.

«Beim Ausfüllen des Antrags hilft Ihnen der Marius, der ist unser FSJler», sprach Schwester Sabine. Sehense, schon wieder so was. Kaum hat man sich an Ziwi gewöhnt, schaffen die das ab und nennen die jungen Männer «FSJler». Die sehen genauso aus wie Ziwis und haben auch nichts mit der FDJ zu tun.

«Sie kommen dann nach Wandlitz. Das ist ein ganz renommiertes Haus, da haben Sie es sehr gut getroffen, Frau Bergmann», warb Schwester Sabine weiter.

Mhhh. Soll ich ehrlich sein? Das gefiel mir gar nicht. Wann komme ich als Rentnerin denn schon mal raus, und dann soll ich zur Kur nur zwei S-Bahn-Stationen weiter? Reha, nicht Kur. Jaja. Ich hatte gedacht, ich käme noch mal ans Meer. An die Ostsee vielleicht, ach, war das schön früher. Das hätte mir gefallen. Und steht es einem nicht auch zu?

Aber nee, vor die Haustür nach Wandlitz. Und dann noch in dieses olle Bonzennest, da haben sie doch früher alle gewohnt, die Staatsoberen. Da kam man gar nicht hin, es war alles abgesperrt und von der Stasi bewacht. Die hatten damals schon Ananas in Dosen und Westwasserhähne. Wer weiß, vielleicht spazierte die Honeckern, das olle Kommunistenliebchen, da immer noch rum? Das machte mir ein bisschen Angst. Die wollte ich nicht treffen. Aber man darf sich nicht beklagen und muss annehmen, was das Schicksal oder die Krankenkasse für einen bereithält. Also sagte ich zu. Schließlich ging es darum, dass ich wieder so gesund wie möglich wurde, dass meine neue Hüfte nicht einrostete und ich wieder halbwegs laufen lernte. Und es hatte ja auch Vorteile, sehense, so konnten mich meine Leutchen immer besuchen kommen. Von Spandau raus war das gerade mal ein Weg von 70 km, da konnten Ilse und Kurt in gut einer Stunde hier sein. Oder zweieinhalb, Kurt fährt ja sachte. Ich freundete mich also mit dem Gedanken an und fand mich ab. Eine Renate Bergmann meckert nicht, sondern macht das Beste aus dem, was das Leben ihr hinwirft.

──────────── Ich habe beim **BÄLLEWERFEN** den zweiten Platz gemacht. Schwester **SABINE** hat Nasenbluten. ────────────

Ich wurde mit dem Krankenfahrdienst vom Bett weg in die Reha-Klinik nach Wandlitz rausgefahren. Das war an einem Mittwoch. «Halten Sie sich bitte gegen elf bereit, Frau Bergmann. Der Fahrer hat nicht viel Zeit, und es wäre schön, wenn Sie fertig sind und er nicht lange warten muss», hieß es. Als ob auf mich schon mal jemand hätte warten müssen! Um halb acht saß ich frisiert und im Mantel bereit, aber weit und breit kein Fahrer. Er kam erst zehn vor elf, ich dachte schon, er hat mich vergessen.

Man sitzt sehr hoch in diesen Krankenwagen. Viel höher als im Koyota, fast wie im Bus. Es war eine wirklich schöne Fahrt, wissense, im Mai macht die Natur immer einen Schuss, da verändert sich in einer Woche so viel, da staunt man nur. Plötzlich blüht und grünt alles.

Sehr gesprächig war der Fahrer nicht. Aber er war ein genügsamer Herr in den besten Jahren mit einer auskömmlichen Arbeit, dichtem Haar und einem Teilzahnersatz. Leider trug er einen Ehering, sonst hätte ich versucht, ihm Frau Schlode schmackhaft zu machen. Gegen die Singerei aus Einsamkeit musste doch was unternommen werden! Ich will nicht klagen, er trug mir noch die Tasche auf das Zimmer im Ku... Reha-Heim, und ich gab ihm sogar 50 Cent Trinkgeld, immerhin eine Mark, zwei Ostmark, fast ein halbes Brot. Also früher.

Ich hatte wieder Glück mit meiner Zimmergenossin. Sie war gerade Anfang 60, hieß Erna Schupphuhn und hatte das Knie gemacht bekommen. «Wenigstens keine Bandscheibe», dachte ich bei mir. Und trotzdem noch ein junges Ding, das man gut zum Kiosk schicken konnte, wenn es einem an etwas fehlte.

Ach, was sage ich, im Großen und Ganzen hatte ich es gut getroffen! Man konnte nicht meckern. Die haben das sehr hübsch saniert, dieses Wandlitz. Man sieht fast gar nichts mehr, keine Bunker oder Panzer. Man weiß ja nicht, wie es mal gewesen ist, nich? Das haben sie alles gemacht und schön bepflanzt, Blumenbeete und Büsche und Springbrunnen, wirklich wunderhübsch. Und überall Bänke zum Ausruhen und die Wege so schön breit, dass man mit dem Rollator auch aneinander vorbeikommt. Doch, da haben sie sich was einfallen lassen. Und von der ollen Honeckern keine Spur, die traut sich gar nicht mehr her, die sitzt in diesem Schiele und hängt alten Zeiten nach.

Gertrud musste mir gleich am zweiten Tag Handtücher von zu Hause mitbringen. Sie glauben nicht, was die einem da für Schmirgellappen anbieten! Ich war nach der ersten Dusche ganz rot geschubbelt an den Beinen und am Rücken. Zu Hause macht man ja einen Extraschuss Weichspüler ins letzte Spülwasser, das gehört sich doch wohl so. Und natürlich den Guten, nicht so billiges Zeug. Man will ja schließlich lange Freude an seinen Sachen haben. Und mal ehrlich – wer weiß denn, wer hier vor einem damit abgetrocknet wurde und ob die die Wäsche richtig kochen und auch Hygienespüler nehmen? Nee, ich wollte meine eigenen Handtücher.

Und auch die Bettwäsche von zu Hause.

Die von der Einrichtung war unzumutbar. Das kann ich gar nicht mit Worten beschreiben. Am Fußende waren keine Knöpfe an der Decke, immerzu rutschte das Plumeau raus, und man hatte eine Wurst an den Füßen. Ich war nur am Schütteln und Zurechtruckeln. Wie früher bei meiner Mutter, Gott hab sie selig. Wissense, da hatte man noch ein richtiges Plumeau. Ein ganz dickes Federbett, in das über mehrere Jahre hinweg Enten- und Gänsefedern gestopft wurden. Wir hatten damals jedes Jahr an die 20 Enten und bestimmt ein halbes Dutzend Gänse. Wenn die Zeit zum Schlachten ran war – meist vor Sankt Martin –, kamen die Frauen aus dem ganzen Dorf zusammen und rupften dem Schlachtvieh die Daunen aus. Das ging reihum, jeden Tag waren sie bei einer anderen Familie. Ach, das war ein Theater! Die ganze Küche sah aus wie die Werkstatt von Frau Holle. Überall flogen die kleinen Daunen durch die Luft, und wenn jemand niesen musste oder einer unvorsichtigerweise die Tür aufmachte – und einer von den Männern platzte immer rein, das könnense sich ja vorstellen –, dann wirbelte alles durcheinander. Beim Geflügelschlachten gab es immer Mittag und Kaffee für die Frauen, da musste ich als junges Mädel schon beim Brühen helfen. Und die Gänse zu schlachten war schwer, Sie glauben ja gar nicht, was so ein Tier für eine Kraft hat! Wir haben sie zu zweit gehalten. Am Kopf ist eine weiche Stelle, da sticht man ... aber ich will hier nicht ... nee, das kann man nicht aufschreiben.

Das Gänseblut wurde aufgefangen und gleich mit Essig verrührt, damit es nicht klumpt, und dann mit Backobst gekocht. Eine Delikatesse! Kriegense heute auch nicht mehr, ich habe im Edeka gefragt und auch im REWE, das könnense vergessen. Das Mädelchen tat so, als ob sie brechen muss. Und das will eine Fachverkäuferin sein! Man kann es aber auch übertreiben. Wir haben uns jedenfalls alle zehn Finger danach geleckt. Früher wurde vom Vieh alles verwertet und nicht nur das Filet, sogar das Schweineschwänzchen wurde mitgekocht im Sauerkraut. Vater hat es gern gegessen, ach, das knackte zwischen den Zähnen, wenn er draufbiss. Ja, wir mussten sparsam sein, um uns durchzuschlagen. Es waren harte Zeiten. Wir haben keine Eier gegessen, obwohl wir Hühner hatten. Die wurden alle verkauft! Nur am Sonntag aß der Vater ein Ei, das sollte die Manneskraft stärken. Mutter war da sehr hinterher und achtete darauf, dass das Gelbe auch schön weich ist. Wer will es ihr verdenken? Wir Kinder guckten in die Röhre, aber Vater war gerecht, und es ging reihum: Das Hütchen, das er abgeschlagen hatte über dem Eigelb, das bekamen mein Bruder und ich immer abwechselnd.

Aber ich bin wohl vom Thema weg ... ja, wenn ich mich an die Kindheit erinnere, ach, da schwelge ich manchmal und kann gar nicht wieder aufhören. Sie müssen entschuldigen.

Für ein Federbett brauchte man die Daunen von Dutzenden Vögeln. Da wurde manchmal über Jahre gesammelt. Später, als alle mit Bettdecken versorgt waren, wurde nachgestopft. «Wenn mal ein strenger Winter kommt», hat meine Mutter immer gesagt und Daunen nachgeschoben, und irgendwann lag ich unter einem Berg von Federn, der mich fast erdrückte. Man konnte sich kaum rühren. Damals haben wir aber auch nicht geheizt in der Schlafstube. Wenn es draußen an die 20 Grad Miese ging, dann wurde vielleicht mal ein Stück Holz angelegt im Ofen, dass es ein bisschen verschlagen war, aber sonst nicht. Da brauchte man dann solche dicken Deckbetten auch. Die Federn haben sich über Nacht alle am Fußende gesammelt und man konnte den Klump morgens kaum aufschütteln. So ähnlich verwurstelte sich das Bett hier im Reha-Heim auch. Nee, wie ich das verflucht habe! Und dann die Bettwäsche! Man hat doch heute diese modernen Fasern. Kennense das? Ach, das will ich gar nicht mehr missen. Ilse hat das beim Einkaufsfernsehen bestellt, und ich habe erst sehr misstrauisch geguckt. Sie ist ja sehr leichtgläubig und fällt auf alles rein, man muss wirklich aufpassen auf sie. Aber sie hat mich das Kopfkissen mal streicheln lassen – das kann man gar nicht beschreiben. Wie ein Pfirsich, sage ich Ihnen. Ich habe auch gleich drei Garnituren bestellt, es war ein günstiges Set. Mit Paradekissen und Laken keine 30 Euro, da kann man doch nicht nein sagen. Angeblich muss man es nicht mal bügeln, aber da kennen Sie mich schlecht. Eine Renate Bergmann legt sich nicht in ungebügelte Bettwäsche! Nee, was sollen denn die Leute denken. Die Meiser vielleicht, ja, der traue ich so was zu. Aber doch keine ordentliche Hausfrau! Denken Se sich nur, Frau Doktor muss vielleicht mal kommen, und dann liege ich da in ganz knittriger Bettwäsche. Allein der Gedanke! Nee, bei mir wird gebügelt.

Jedenfalls habe ich meine weiche Bettwäsche schon am zweiten Morgen vermisst. Als ich nach der ersten Nacht wach wurde, hatte ich ganz wund geschubberte Ellenbogen. Beide Seiten! Ich dachte erst, die haben mich vielleicht festgebunden und dabei verletzt; ich wollte schon mit der Schwester schimpfen. Ich bin doch keine debile Person. Aber im Laufe des Tages merkte ich, dass es auch an den Füßen ganz rau war. Ich habe mir dann übergangsweise ein Handtuch von zu Hause quer über das Laken gelegt. Das war schön weich und schaffte erst mal Abhilfe. Abends brachten mir Ilse und Kurt dann die Bettwäsche von zu Hause mit, genau wie meine Haarwickel und die Trockenhaube. Die muss man nur an den Föhn anschließen, und es ersetzt fast den Friseur.

Aber was soll ich Ihnen sagen? Kaum bringt man eigene Handtücher, eigene Bettwäsche und ein eigenes Nachthemd mit, gilt man im Reha-Haus als schwierig. Mir war es egal. Ich bin 82. Da will ich es bequem *haben*, und es ist mir egal, ob ich denen bequem *bin*.

Als ich entlassen wurde, habe ich die Handtücher von der Einrichtung aber trotzdem eingesteckt und mitgenommen. Schon aus Gewohnheit. Gertrud hat da immer Verwendung für, die stibitzt alles, was nicht niet- und nagelfest ist. Mit ordentlichem Weichspüler kriegense die auch verwendungsfähig, also die Wäsche, meine ich, zumindest als Gästehandtuch für Besuch. Als wir zum Kränzchen bei Gertrud waren, musste die Frau Löchert austreten und kam ganz ehrfürchtig zurück. «Ich wusste ja gar nicht, dass du eine geborene Hilton bist, Gertrud! Und dass du sogar Monogramme auf deine Handtücher sticken lässt!» Sie ist ein bisschen langsam, die Frau Löchert und eine ehemalige Kollegin von Ilse. Auch Lehrerin. Mehr muss ich nicht sagen, nich? Bandscheibe hat sie auch.

Schräg gegenüber auf der Station lag ein sehr fescher Herr. Er hatte volles weißes Haar, einen charmanten Blick und sehr schöne Augen. Als er sich vorstellte, war ich ganz durcheinander. Er hieß Erwin Beusel und war auch aus Berlin, aber aus Wilmersdorf, nicht aus Spandau. Als wir ins Gespräch kamen, erzählte er, dass er verwitwet ist. Seine Wilhelmine hat der Krebs vor zwei Wintern geholt, sie musste zum Glück nicht lange leiden. Aber allein war es nicht schön, Erwin Beusel war ein geselliger Mensch, wissense, so einer, der leidet und eingeht, wenn er allein ist. Ich bin kein Freund von dieser Duzerei, aber beim Erwin war das was ganz anderes. Schon am zweiten Tag waren wir so vertraut, dass es selbstverständlich war, «DU» zu sagen. Und sein «Renate» klang so schön! Erwin war auch wegen der Hüfte hier, aber geplant wie das Knie von der Schupphuhn, nicht verunfallt wie ich. Er hatte einen kleinen Bauchansatz, und deshalb hatten sie ihn drangekriegt. Sie können sich nicht vorstellen, wie die mit einem umgehen, wenn sie einen erst mal in der Mangel haben! Er wurde gleich am ersten Tag gewogen, und eine unflätige Schwester schüttelte den Kopf und murmelte: «Nein, nein, nein, Herr Beusel, da sind acht Pfund Speck zu viel drauf. Die müssen weg. Diät!» Diät. Die hat doch keine Ahnung! Ein richtiger Mann darf doch nicht rumlaufen wie ein Hungerhaken. Meine Gatten hatten alle ein paar Pfund mehr auf den Rippen. Gut, sie sind auch alle tot, aber nicht deswegen. «Ein Mann ohne Bauch ist wie ein Pferd ohne Beine», sage ich immer. Bloß, weil eine Schwester in einer Tabelle nachgeguckt hatte, wie viel Erwin wiegen durfte, sollte er nun zum Abendbrot hungern und nur eine Scheibe Brot essen? Die spinnen doch. Was, wenn die Schwester da, diese Person, nun in der Spalte verrutscht war? So kann man doch nicht mit einem Patienten umgehen. Wir haben es deshalb so gemacht, dass ich immer eine Scheibe Brot mehr für mich bestellt habe und die Frau Schupphuhn von meinem Zimmer auch. Wir Frauen hatten mit zwei Schnitten mehr als genug, und wenn wir drei bestellten und noch Wurst dazu, da guckte niemand. Sobald die mit ihrem Teewagen von unserem Flur weg waren, bin ich dann zu Erwin rüber und habe ihm seine zwei Zusatzstullen gebracht. So kam er wenigstens ohne Hunger durch die Nacht. Nee, ich sage Ihnen, wir haben nach dem Krieg Verzicht üben müssen und haben uns so manche Nacht mit knurrendem Magen in den Schlaf geweint. Jetzt, wo wir vielleicht noch zwei oder drei Jahre haben, da lassen wir uns nicht von irgendwelchen Weißkitteln vorrechnen, dass wir zu fett sind und hungern sollen. Nicht mit mir! Soll Kirsten ruhig ihre Kompostabfälle essen und die Diätschwester meinetwegen abends Mohrrüben knabbern – ich mach den Quatsch nicht mit. Bei mir wird gegessen, bis ich satt bin, und zwar auch alles, auf das ich Appetit habe. Wenn man sich nämlich nichts verbietet, dann hat man auch keinen Heißhunger und keine Probleme mit dem Stuhlgang. Ich bin abends nach zwei Scheiben Brot satt, und mittags esse ich auch normal. Ich trage seit 1948 die Größe 38. Und mal ehrlich, wenn sich der Erwin hier jetzt vier Kilo weggehungert und die Hosen enger gebraucht hätte – wer hätte das denn bezahlt? Die Kasse ja wohl nicht.

Mittags konnte ich nicht helfen, da aßen wir im Speisesaal unter Aufsicht. Manchmal habe ich ihm die Hälfte von meinem Nachtisch abgegeben, aber nur, wenn es Quark gab. Ich bin ein kleines Leckermäulchen, und Schokoladenpudding verputze ich mit Wonne. Aber Quark ist nicht so mein Fall, da gebe ich gern ab. Allerdings hat sich Erwin auch von seinen Kindern und Enkeln Essen mitbringen lassen und in seinem Schrank hinter den Socken versteckt. Wenn er Besuch kriegte, schickte er die Kinder zusätzlich immer mit einem Fünf-Euro-Schein los, um Kekse zu holen. «Für die Kleinen», sagte er großzügig, und als sie zurückkamen, aß er sie allein auf.

Mit Schwester Sabine hat er auch geflirtet, dass sie ihm mehr gibt, aber da biss er auf Granit. Die rückte nichts raus.

Am Mittwochnachmittag sollten wir Ball spielen, nee, ich sach Ihnen! Wie bei den Debilen. Man kennt das ja aus dem Fernsehen, wenn eine Sendung über alte Leute kommt, die ein bisschen plemplem sind. Da werfen sie sich auch immer Bälle zu. Aber ich doch nicht! «Frau Bergmann, es geht darum, die Gesamtkonstitution zu stärken. Dazu zählen auch Übungen zur Koordination!», hat Schwester Sabine gesagt, als ich mich beschwert habe. Ich habe geknurrt und mir meinen Teil gedacht.

Sie wundern sich bestimmt, dass die Schwester hier auch Sabine hieß. Es hat ja gar keinen Sinn, sich die Namen zu merken. Ob Krankenhaus oder Kur… Reha-Heim, die wechseln ständig die Station und haben Schicht, und alle Stunde kommt ein neues Gesicht. Und dann noch die Putzfrauen und die Ziwis und FSJler. Ich habe einfach immer nach Schwester Sabine gefragt, wissense, das ist ein gängiger Name, eine ist immer dabei, die so heißt. Das passt schon. Aber man darf nie nach Schwester Stefanie fragen, da hat man sonst unter Umständen gleich drei Damen am Bett stehen. Außerdem halten die einen ab einem bestimmten Alter sowieso für ein bisschen dämlich und sprechen mit einem wie mit einem kleinen Kind. Da kann ich ruhig «Schwester Sabine» sagen, das stört die gar nicht. Ich kann ja nicht mal mehr behalten, wie die Blagen von der Meiser und der Berber heißen. Einer heißt Jason-Madox und einer Jeremy-Elias. Aber wer nun wer ist – das merke ich mir nicht mehr. Wenn sie 16 sind, ziehen sie sowieso aus. Deshalb sage ich zu beiden Jamie-Dieter.

Manchmal muss man aber mitspielen, sonst kriegt man Ärger. Ich konnte mir das schon denken; wenn man sich weigerte, bei dem Quatsch mit der Bällewerferei mitzumachen, bekam man eine Notiz in seine Akte, und dann hieß es: «Die Bergmann arbeitet nicht aktiv am Genesungsprozess mit», und die Kur wird nicht verlängert. Oder ich bin schuld, wenn doch was zurückbleibt an der

Hüfte und ich für immer am Stock gehen muss. Ach, hörense mir doch auf. Dann hätte es geheißen «Sehen Sie, Frau Bergmann, das ist nur, weil Sie nicht Ball gespielt haben!» Das Risiko wollte ich nicht eingehen. Außerdem kannte mich Schwester Sabine nach ein paar Tagen schon ganz ordentlich und wusste, wie sich mich rumkriegt: Sie hatte für die besten drei Bällewerfer ein Stückchen Bienenstichkuchen zum Kaffee ausgelobt. Das weckte den Ehrgeiz in mir, wissense, wenn Bienenstich gut gemacht ist, dann würde ich ein Königreich dafür geben. Also spielte ich brav mit, aber ich warf den Ball absichtlich daneben und so tief ich konnte, ins Gebüsch, damit ich meine Ruhe hatte. Schwester Sabine musste ihn immer holen, ich war ja schließlich frisch operiert. Man konnte nicht von mir verlangen, dass ich im Park ins Gebüsch krieche, nich? Hihi. Derweil sie den Ball suchte, konnte ich mal auf dem Händi gucken, was beim Twitter so los war. Schwester Sabine tat ein bisschen Bewegung auch gar nicht schlecht, die hatte ganz schön Fett angesetzt um die Hüften. Nachdem ich das dritte Mal «abgerutscht» war und der Ball hinter die Tannen flog, guckte sie misstrauisch. «Frau Bergmann, das Telefon legen wir jetzt mal schön weg. Jetzt machen wir Sport», zischte sie mich angesäuert an. Ich musste die Strategie ändern. Ein paar Mal warf ich den Ball brav zu Frau Richter rüber, die aber nicht fing. Das war nicht meine Schuld. Gerade rüber saß der Manuel, der war gerade Anfang 20 und nach einem Motorradunfall war sein Bein lange in Gips. Man weiß ja, wie die jungen Rocker alle rasen, das ist kein Wunder, dass da was passiert. Ihm ging Schwester Sabine auch so auf die Nerven, dass ihm der Ball «abrutschte» und er sie direkt auf die Nase traf. Na so was. Ich sagte nichts, aber ich guckte zum Manuel rüber und zwinkerte ihm zu. Schwester Sabine musste nicht genäht werden, es war nur Nasenbluten. Bällewerfen war für den Nachmittag erst mal erledigt, und meinen Bienenstich kriegte ich trotzdem. Ich lag nämlich auf dem zweiten Platz, als es passiert ist.

Wo man hinschaute, waren Bandscheiben. Ich werde das nie verstehen, wie man als junger Mensch schon Bandscheibe haben kann. Und dann so schlimm, dass es operiert werden muss. Nee, also, das hat es früher auch nicht gegeben. Wir hatten Kreuzschmerzen, aber doch keine Bandscheibe! Was haben wir gebuckelt auf dem Feld, die Arbeit war so schwer, das kann sich keiner mehr vorstellen. Wenn wir das Stroh eingefahren haben und mit der Heuforke die schweren Ballen auf den Pferdehänger gewuchtet haben, Sie, da hat einem aber am Abend nicht nur der Rücken weh getan! Da schmerzten die Arme, die Beine, die Hände – da staunte man selbst, wo man eigentlich überall Muskeln hat. Beim Kartoffelracken wurde jede Hand gebraucht. Auf den Knien sind wir durch die Reihen gerutscht und haben mit den bloßen Händen alles eingesammelt. Ach, da haben Se gemerkt, was der Rücken sagte am Abend. Das ging in der Erntezeit vom Morgengrauen bis zum Sonnenuntergang, und da konnte man nicht sagen: «Ich habe Bandscheibe, ich gehe zum Doktor und lass mich krankschreiben.» Hörense mir doch auf. Die jungen Leute, alles verweichlichte Jammerlappen! Und auch so viele Männer dabei, man musste sich wundern. «Die können alle nicht gedient haben», hat Kurt kopfschüttelnd gesagt, als er mich mit Ilse besuchen war. Aber in der Raucherecke vorm Haupteingang rumsitzen den ganzen Tag, das können sie. Die Hüften rauchen ja kaum, die Bandscheiben fast alle. Fragen Se mich nicht, warum das so ist. Wenn ich rauswollte in den Park, musste ich immer an den qualmenden Bandscheiben vorbei. Was die für Wolken fabriziert haben! Ich habe immer die Luft angehalten und bin so schnell gegangen, wie es mit der neuen Hüfte und dem Rollator eben ging. Ich mag den Gestank nämlich nicht. Bei Wind und Wetter sitzen die da und holen sich noch Zug und eine Erkältung dazu. Mir muss keiner was erzählen! Die sind mit nicht mal 40 hier wegen Bandscheibe, obwohl sie nie was Richtiges gearbeitet haben, immer nur Schreibtisch und Projekte und Agentur und so ein Gedöns. Wenn sie nach Hause kommen von der Reha, dann machen sie noch ein paar Wochen Turnkurs und üben auch gerade sitzen bei Joga und so, und dann kommt als Nächstes «verspannt im Nacken». Und bevor sie 50 sind, haben sie Börnout. Ich weiß Bescheid. Mit Bandscheibe fängt es an, und am Ende haben sie ein Raucherbein, weil sie vor Langeweile eine nach der anderen quarzen. Einer Renate Bergmann macht doch keiner was vor!

Die Bandscheiben mussten beim Ballwerfen nicht mitmachen. Ich fand das erst ungerecht, aber als ich gesehen habe, dass die dafür auf Gummibällen sitzen und Becken kreisen mussten, dachte ich mir: «Renate, halt bloß den Mund, lieber schmeißte den Ball in das Gebüsch, als dass du hier die Hüften kreist wie eine Dirne im Rotlichtlokal.» Nee, lieber Ball als das. Gott sei Dank hatte ich draußen gutes Onlein für das Händi, da konnte man nicht meckern.

Hüften waren ja gar nicht so viele hier. Die meisten Hüften kommen in eine andere Reha-Klinik, haben sie mir gesagt. Hier sind nicht so viele Hüften-Plätze. Jedes Heim ist auf was anderes spezialisiert, und ich hatte Glück, dass sie mich genommen haben. Sie hatten mehr Zucker und Blutdruck hier.

Weil ich ja auch Diabetes Typ II bin, haben sie mich gleich zur Ernährungsberatung geschickt. Da sollte ich lernen, wie man gesund kocht.

ICH sollte kochen lernen. Da hört sich doch alles auf! Ich wusste gar nicht, ob ich mich aufregen oder laut loslachen sollte.

Natürlich bin ich hingegangen, schon weil man an seine Akte denken muss. Zu uns sprach ein junger Mann, der sehr sportlich und gut gebaut war. Auch eine Renate Bergmann hat ja Augen im Kopf. Lassen Sie ihn vielleicht 30 Jahre alt gewesen sein. Von so einem sollte ich mir nun erklären lassen, wie man kocht? «Bleib ruhig und sei friedlich, Renate …», dachte ich bei mir, und das wurde so langsam zu meinem Mantra. Da guckense, nich? Das Wort kenne ich von Kirsten. Ich hätte mich ja den ganzen Tag aufregen können.

«Sagen Sie ruhig Matthias zu mir», stellte er sich vor. Herrje, da war er ja bei mir richtig. Herr Matthias erzählte uns, dass man fünf Mal am Tag rohes Obst oder Gemüse essen sollte. ROH. Ich konnte nur den Kopf schütteln.

Die haben doch keine Ahnung, wie das mit der Verdauung bei alten Menschen ist. Wenn ich nur daran denke, wie Gertrud mit ihrem Reizdarm schon auf gekochtes Gemüse reagiert! Und der kommt mit fünf Mal roh.

Letzten Sommer war meine Tochter Kirsten länger zu Besuch. Normalerweise lasse ich mir in der Küche ja nicht reinreden, schon, weil Kirsten nur Kompost kocht. Sie ist wegan, müssense wissen. Was die isst, das schmeißt unsereins meist weg. Die Wurzeln von der Petersilie zum Beispiel, und wenn sie spazieren geht, sammelt sie Sauerampfer und macht sich Salat davon. Das Meerschweinchen frisst das nicht, aber meine Kirsten. An dem Dienstag, als ich morgens zu Frau Dokter musste und nachmittags die Damen zur Kaffeetafel kamen, hat sie mich ausgetrickst und «gekocht». Na ja. Gekocht ist vielleicht falsch gesagt. Ich hatte nach dem Arztbesuch Gertrud abgeholt, und als wir gegen elf nach Hause kamen und uns im Flur gerade die Hutnadeln rauszogen, rief Kirsten strahlend aus der Küche, es gäbe Katzpatscho. Gertrud schaute mich ganz ängstlich an, und auch ich war erschrocken. Erst, als der Kater wohlbehalten aus der Wohnstube kam und sich mir um die Beine schmiegte, atmeten wir auf. Gertrud und ich hatten uns beide auf Kartoffelpuffer gefreut, dazu hatte ich sie nämlich eingeladen. Das riecht ja immer sehr streng nach dem Bratöl, wenn man die macht, deshalb wechseln wir uns immer ab: Mal machen wir die bei ihr, mal bei mir. Es reicht ja, wenn bei einem die ganze Wohnung stinkt, nich? Wir schauten uns die Schweinerei an, die Kirsten gemacht hatte: Es war eine Suppe, die grün und dunkelrot schimmerte, je nachdem, wie man rührte. Sie war eiskalt. Ich guckte erst mal Richtung Küchenfenster, ob die Blumen noch da standen, man weiß ja nie. Dann kostete ich vorsichtig und zog den Löffel durch die Zähne. Es schmeckte nach Gurke, ganz viel Zwiebel und irgendwas Muffigem, aber wenigstens nicht nach Katze. «Das ist eine spanische Spezialität. Da ist rote Bete drin, Knoblauch, Gurke, Zwiebel …», zählte Kirsten auf. Ich wollte kein Spielverderber sein und aß es, wissense, aber nicht, weil es schmeckte, sondern um des guten Mutter-Tochter-Verhältnisses willen. Ich habe nämlich auf der Ratgeberseite von Frau Irene im «Goldenen Echoblatt der Frau» gelesen, dass man ruhig mal einen Schritt auf die Jugend zugehen soll und bereit sein muss, Kompromisse zu machen. Gertrud aß es auch, die isst ja alles. Sie hat zwar einen Reizdarm und verdaut hör- und riechbar, aber das macht ihr nichts. Mir schon. Nach dem rohen Gemüsekatzpatscho mit Zwiebeln war an dem Nachmittag jedenfalls ordentlich Kirmes in Gertruds Gedärm.

Herr Matthias sagte nun, man solle Gemüse nach Möglichkeit roh essen. Wenn man kocht, dann nur im Dampf und nur ganz kurz. Wegen der Fittamine. Na, ich weiß nicht. Das mag für jüngere Leute stimmen, bei uns Älteren muss man da ganz anders überlegen. Ich dachte mir meinen Teil und sagte nichts, das wäre nur wieder in meine Akte gekommen. Ich achte schon darauf, dass ich mich gesund und abwechslungsreich ernähre. Jeden Tag Fleisch muss nicht sein, ich mache auch mal Milchreis oder Erbsensuppe.

Wir putzten alle zusammen Möhren und schnitten Paprika und ach, was weiß ich nicht alles. Manches kannte ich auch gar nicht. Haben Sie schon mal von Pasten-Nacken gehört? Sollte doch Fleisch dazu? Ich musste im Sitzen arbeiten, weil meine Hüfte so langes Stehen noch nicht zuließ. Laufen sollte ich, jawoll, aber stehen durfte ich nicht länger als zehn Minuten. Sonst wäre der Gelenkkopf aus Titan immer weiter in die Zementfuge gerutscht und es wäre falsch verheilt, so hat es der nette Arzt mir erklärt. Die anderen Kursteilnehmer waren wegen Übergewicht hier oder wegen Diabetes oder Blutdruck. Ich war die einzige Hüfte. Die Bandscheiben waren wieder befreit und lungerten in der Raucherecke rum.

Beim Gemüseputzen und Kleinschneiden konnte ich punkten, da macht mir keiner was vor, auch wenn die Messer stumpf waren. Es waren auch Männer im Kurs, die hatten in ihrem Leben noch nie Kartoffeln geschält, deshalb war es ganz gut, dass die Messer stumpf waren. Sonst hätte es nur abgeschnittene Finger gegeben, die brauchten dafür nicht mal eine Kreissäge wie Kurt. Kleinen Kindern gibt man ja auch Plastemesser. Das konnte man gar nicht mit angucken! Das waren fast schon Schnitzereien. Herr Matthias lobte mich, weil ich so schön dünn schälte. Er sagte, dass die meisten Fittamine direkt unter der Schale sitzen, deshalb soll man die entweder mitessen oder eben ganz dünn schälen. Meine Güte, dachte ich, ich mache das immer aus Sparsamkeit, aber wenn das gesund ist – umso besser.

Ständig malte Herr Matthias Torten und Dreiecke auf eine Tafel und erzählte von Fittaminen, A und B und C und ach, bald das ganze Alphabet hoch. Eins war gut für die Augen, eins für die Leber, und so ging das quer durch. Dann erzählte er, was man alles nicht essen soll, weil sonst der Choleraspiegel steigt und man Schlaganfall bekommt. Butter ist ganz ungesund, sagte er. Ich hab ihn reden lassen. Man muss das Schollesterin ja nicht mitessen, denk ich mir. Bei der Ente lasse ich die fette Pelle ja auch weg und gebe sie Norbert.

Derweil schnippelten wir weiter und hatten schon bald etliches Gemüse beisammen, wenn eine richtige Hausfrau mit zugreift, geht das ja ruck, zuck. Ich habe auch nicht verstanden, wonach er die Mengen berechnete. Er konnte mir keine Auskunft geben und stotterte nur rum. Bei Kartoffeln ist es einfach: Ich schäle immer vier pro Person plus noch mal vier für den Topf, da reicht man immer gut hin, und wenn welche übrig bleiben, mache ich Bratkartoffeln oder Kartoffelsalat. Nur mit Nudeln, da habe ich immer ein Problem, da finde ich nie das richtige Maß. Da koche ich immer zu viel. Aber da konnte Herr Matthias auch nicht helfen. Tzis! Der wollte mir kochen beibringen, aber außer Diagramme malen konnte er nichts.

Herr Matthias ließ seine Tafel mit den Fittamindiagrammen links liegen, und wir mussten uns alle um den Herd stellen. Er rührte alles zusammen in eine grooooße Pfanne und machte keine Butter dran, sondern nur ein paar Tropfen Öl. Es war ganz grün und roch tranig. Olive. Nicht mein Geschmack. Es kamen auch keine Speckwürfel dran und nicht mal ein bisschen Huhn. Kirsten hätte ihre Freude gehabt, aber für mich war das nichts, das war mir jetzt schon klar. Das Ganze wurde nun ein paar Mal durchgerührt. Ich dachte, nun käme ein Deckel drauf und es würde eine Stunde simmern und gar ziehen und wir würden derweil den Abwasch machen. Ich wollte gerade das Spülwasser einlassen, als Herr Matthias rief, es wäre fertig und wir sollten probieren.

Fertig?

Ich sage Ihnen, es war noch nicht mal richtig heiß, geschweige denn weich und durch. Ich konnte das nicht essen. Die Mohrrüben knirschten noch, und selbst der Paprika war ganz hart. Ich habe mit spitzen Zähnen eine Gabel voll gegessen und gelächelt. Es hatte ja keinen Sinn, sich aufzuregen. Nachdem wir alle das holzige Gemüse probiert hatten, wurde das Geschirr in die Geschirrwaschmaschine geräumt und nicht etwa abgewaschen. Was das für Wasser kostet! Sogar die große Pfanne stellte der Herr Matthias in den Spülautomaten, er ließ sich nicht davon abbringen. Wenigstens den Herd durfte ich schrubben, und alle haben gestaunt, wie ich das Eingebrannte abgescheuert habe. Dass es gar kein eingebrannter Siff war, sondern die Symbole zur Steuerung des Herds – nun ja, das konnte ich ja nicht wissen. Herr Matthias hat es mit einem wasserfesten Stift wieder angezeichnet.

Kochen war zum Glück nur einmal die Woche, und die paar Mal wurde ich wohl schaffen. Nächstes Mal sollte es Spinatsalat mit Brätlingen geben. Keine Bratheringe, Brätlinge. Aus dem Soja. Dazu sage ich jetzt nichts.

Wenn Gertrud mich besuchte, hatte sie immer Aufschnitt dabei. Sie ging auch ohne mich jede Woche auf eine Beerdigung. Sie sagte, wenn man allein kommt und nicht zu zweit, fällt man noch weniger auf, nicht mal mit Kühltasche. Ilse und Kurt gehen nicht mit, nur, wenn sie die Leute wirklich kannten. Nicht, wie Gertrud und ich einfach zum Essen. Kurt hat mal angefangen zu lachen, als der Witwer von Olga Hackmann sagte: «Und nun lasst uns das Glas erheben und auf das Andenken von Olga anstoßen, und dann lasst uns die Tote anschneiden.» Er meinte natürlich Torte, aber … Das war Kurt sehr unangenehm, und seitdem er einen Trauergast mal mit Rex Gildo selig verwechselt hat, gehen Ilse und er nicht mehr mit zum Fellversaufen. Ilse hat Gertrud für die Kühltasche einen schwarzen Bezug genäht, damit ist es wirklich sehr diskret. Bei einem gewissen Otto Bänger hat ein Pfarrer gesprochen, ach, da hat Gertrud so geschwärmt, dass sie sich seine Visitenkarte hat geben lassen, falls bei ihr mal was ist. Wissense, wenn man, wie wir, viel auf Beerdigungen rumkommt, kennt man die Pfarrer und Redner. Jeder hat so seine Favoriten, wer mal bei ihm selbst die Trauerrede halten soll. Das verrate ich aber hier jetzt nicht, das steht alles im Testament, und das ist auf dem Amtsgericht, wie es sich gehört. Einmal hat Gertrud während meiner Krankheit einen Reinfall erlebt, sie sagte, sie hatten nur Butterkuchen und noch dazu so knapp bemessen, dass für jeden Gast nur zwei Stücken da waren. Da hat sie nicht mal die mittlere Tupperdose vollgekriegt. Es gab auch keinen Korn, nur Kaffee. Man konnte nicht von «Fell versaufen» reden. Die Woche drauf hatte sie mehr Glück und hat ein Beerdigungsessen im Steigenberger erwischt, da wurde das Buffet sogar nachgefüllt. Ihr ist fast der Henkel von der Tasche abgerissen, so schwer hatte sie zu tragen. Sogar Nachtisch hatte sie erbeutet, Zitronenspeise! Die hat sie aber allein gegessen, die wird ja so schnell sauer, die konnte sie mir nicht mitbringen. Es gab auch Schnäpse, und Gertrud hat mir ordentlich Korn in ihre Thermosflasche abgezweigt. Vom Aufschnitt habe ich Erwin immer abgegeben, wenn ich ihm die Zusatzstullen von mir und Frau Schupphuhn rüberbrachte. Es war ja doch ein anderer Geschmack als immer nur die magere Putenwurst vom Heim. Oft blieb ich abends noch ein Stündchen oder zwei bei ihm, das Essen schmeckt doch besser in Gesellschaft, nich? Danach schauten wir gemeinsam fern und erzählten, und er zeigte mir Fotos von seinen Enkeln. Auf Papier, nicht auf einem Händi. Man konnte sehr gut mit ihm reden, wir verstanden uns ganz prima. Oft ist es ja müßig, mit Männern zu diskutieren macht auch keinen Spaß. Wenn ich merke, dass ein Mann unkultiviert ist oder starrsinnig, sage ich meist schnell: «Jawoll, du hast recht», weil ich meine Ruhe haben will. Als Frau ist man daran ja nicht gebunden und kann das jederzeit widerrufen. Ich war vier Mal verheiratet, mir müssense nichts erzählen.

Ich sage immer: Entweder Männer behandeln eine Frau anständig, oder sie gucken eines Tages zu, wie ein anderer es tut. Männer, die Frauen verstehen wollen, können mir gestohlen bleiben. Denen möchte ich sagen: Versuchen Sie es gar nicht erst. Verstehen ist gar nicht nötig, es reicht, wenn Sie die Frau lieben und ihr recht geben. Dann klappt das schon. Das habe ich auch Stefan immer gesagt, und sehen Sie, wie glücklich der Junge jetzt mit seiner Ariane ist!

Jeden Tag hatte ich zwei Behandlungen. Morgens – also, was die so Morgen nennen, meist war es schon neun oder sogar zehn – gab es Phüsietherapie. Es kam eine Schwester oder auch ein junger Mann, der mit mir turnte und mich hinterher massierte. Ach, war das schön, da wäre ich immer fast eingeschlafen und wollte am liebsten schnurren. Aber das hätte wohl keinen so guten Eindruck gemacht, nich? Außerdem bin ich doch so kitzelig und musste mich immer zusammenreißen, dass ich nicht loskichere. Es wurde von Tag zu Tag besser mit der Hüfte. Eine Renate Bergmann ist keine, die lange jammert. Sicherlich hatte ich Schmerzen, aber es bringt ja gar nichts, das ständig zu beklagen. Da beißt man eben auf die Zähne. In meinem Fall muss man aber vorsichtig beißen, Sie ahnen ja nicht, was so eine Prothesenreparatur kostet. Da langen sie kräftig hin, und auch, wenn die Praxisgebühr abgeschafft ist, Zuzahlung ist immer noch.

Nee, ich jammerte nicht, machte fleißig alles mit, und außerdem dachte ich mir: Die werden sich schon was dabei denken. Auch, wenn es sich einem nicht immer gleich auf den ersten Blick erschließt – es sind schließlich Fachleute, und die kennen sich aus. Die Bergmann'sche Hüfte ist nicht die erste, die die wieder heile machen. Und wenn Bälle werfen dazugehört, nun gut. Auch, wenn ich es plemplem finde. Nee, auch eine Renate Bergmann fügt sich, wenn sie den Sinn einsieht.

Ja, vormittags war wie gesagt Phüsietherapie und nachmittags dann eher so Sport. Gymnastik mochte ich am liebsten. Die ersten Tage war Sitzgymnastik, das war albern.

Das war was für alte Leute oder Herrn Hartmann in seinem Rollstuhl. Aber dann ging es los mit Ballettstange. Da habe ich auch viel gelernt für unseren Kurs in der Seniorengruppe. Bei uns macht das ja Frau Scherer, die ist Turnlehrerin an der Grundschule und sportelt hauptberuflich mit Kindern. Die lebhaften jungen Kerlchen brauchen doch ganz andere Übungen als wir Omas. Der Scherern werde ich gleich mal zeigen, was ich gelernt habe, wenn ich zu Hause bin!

Kaffee gab es ja zum Frühstück aus einer großen Plastekanne. Eine Lurke, nee, ich sage Ihnen! Davon hätte ich sogar zwei Tassen gedurft, wenn man es recht betrachtet. Das konnte man nicht als Bohnenkaffee durchgehen lassen. Aber wenn Besuch kam, musste man den Kaffee aus dem Automaten holen in der Cafeteria. Das Personal war nur auf Stundenbasis da und wischte ledig die Tische sauber. Lediglich. Sehense, kaum vergisst man ein paar Buchstaben, schon macht das einen ganz anderen Sinn. Man muss ja so aufpassen.

Die sparen ja überall. Deshalb musste der Besuch Kaffee aus dem Automaten auf dem Flur trinken, für 70 Cent! Das ist viel Geld, erst recht, wenn man nur eine kleine Rente hat. Ich wollte mich gleich beim Heimbeirat beschweren, aber mir wurde gesagt, so was gäbe es dort nicht und es stände mir frei, mich an meine Krankenkasse zu wenden. Das hieß auf Deutsch: «Halten Sie den Mund und machen Sie keinen Ärger.» Nun gut, ich habe ja dazugelernt. Man muss die Leute mit ihren eigenen Waffen schlagen, sage ich immer. Lächeln und los.

Deshalb habe ich mich an mein Wechselgeld aus dem Urlaub in Polen erinnert. Wissense, Urlaub war es ja im Grunde nicht. Es war eine Kur. Ja, eine richtige Kur, keine Reha. Wir sind mit dem Bus gefahren, Kurt, Ilse und ich. Gertrud war nicht mit, sie hatte Norbert da gerade ganz neu und konnte das Tier nicht alleine lassen. Das sind eben die Nachteile, ich sage es ja immer. Die Katze merkt man gar nicht. Futter hinstellen und die Katzentoilette alle zwei Tage leer machen, das ist schon alles, das machen Steiners aus dem zweiten Stock gerne mit. Wenn sie dann noch ein bisschen hinter dem Ohr gekrault wird, ist sie glücklich. Also, die Katze, nicht die Steiner'sche. Katzen sind da im Grunde wie Männer, sie wollen regelmäßig ihre Mahlzeiten und ab und an ein bisschen gestreichelt werden, aber wenn sie genug haben, springen sie auf und gehen ihrer Wege. Das ist bei so einem wilden, jungen, großen Hund ganz anders. Der muss Gassi, ich sage es Ihnen! Drei Mal am Tag ist Gertrud eine Stunde mit ihm unterwegs. Der zieht die Leine stramm, Sie ahnen es nicht. Gertrud hat in den letzten Monaten richtig feste Oberarme gekriegt. Da wabbelt auch nichts mehr, wenn sie winkt, da muss man staunen. Gut so, wenn ich daran denke, dass sie im Sommer nur ihre Kittelschürze trägt. Und wenn ich nur sage, dann meine ich auch nur. Aber wo war ich? Ach ja. Nee, Gertrud konnte nicht mit,

Norbert hielt sie voll auf Trab, und es war keinem anderen zuzumuten, sich um den Hund zu kümmern. Das war auch ganz gut so, denn Gertrud und Kurt – das geht nie lange gut. Gertrud nimmt kein Blatt vor den Mund und sagt Kurt Sachen, die nur Ärger bringen. Wenn Kurt ein kleines Bäuerchen macht zum Beispiel. Dann räuspern sich Ilse und ich nur kurz und hören ansonsten diskret drüber hinweg, schließlich kann das in seinem Alter schon mal passieren, und er macht es ja auch nicht mit Absicht. Aber wenn Gertrud das hört, schlägt sie Alarm und schimpft ihn an. Ganz laut, sodass es alle hören und es peinlich wird. Dabei müsste sie ganz ruhig sein mit ihren Blähungen. Die sind nicht nur zu hören, sondern man hat noch länger was davon. Aber ich schweife ja immer weiter ab; kurzum: Gertrud war nicht mit. Ilse, Kurt und ich waren ohne sie in einem polnischen Ostseebad zur Kur. Da hieß das auch Kur. Sei's drum. Wir haben da beim Einkaufen immer so komisches Wechselgeld bekommen, das sah aus wie unsere 2-Euro-Münzen. Es war aber kein Bundesadler drauf, sondern ein anderer Vogel. Polnisches Geld. Da muss man so aufpassen, nicht nur im Urlaub. Das fällt kaum einem auf, da sind so viele verschiedene Euros unterwegs, von Österreich und Frankreich und weiß der Himmel nicht alles, woher. Ich habe immer ein kleines Büchlein dabei und gucke nach, bevor ich eine Münze einstecke, die keinen Adler drauf hat. Wenn man hier nicht aufpasst, jubeln sie einem auch welche mit der Beatrix von Holland drauf unter, und dabei ist die gar nicht mehr im Amt. Nee, wenn ich es merke, nehme ich die nicht an, nicht, dass ich mal darauf sitzenbleibe, weil die längst ungültig sind? Man weiß ja nie. Da bin ich vorsichtig. Nicht mit Renate Bergmann! Oder gar griechisches Geld, nee, hörense mir auf. Das kommt mir nicht in die Börse, das weise ich sofort zurück. Wie oft hab ich schon erlebt, dass das Geld ungültig war; da bin ich achtsam geworden. Währungsreform nach dem Krieg, dann hatten wir Rentenmark, dann die DDR-Aluchips, daneben immer ein bisschen Westgeld für den Interschopp. Später dann nur noch Westgeld, obwohl wir im Osten wohnten, und ehe man sich daran gewöhnt hatte, kamen die mit dem Euro an. Hätte wegen meiner nicht sein müssen, aber was will man machen? Man kommt ja nicht gegen an. Ich weiß manchmal gar nicht, in was ich alles umrechnen soll im Kopf. Wenn so ein Kaffee 70 Cent kostet, das sind dann an die eins fuffzich in Westmark. Weiter darf man gar nicht zurückrechnen, sonst schüttelt man nur mit dem Kopf, und der Kaffee schmeckt einem gar nicht mehr. Wo doch das Zeug aus dem Automaten schon so ungenießbar ist. Die machen das aus so Bröseln wie Krümeltee, nur in Schwarz. Wir haben nach dem Krieg aus gerösteter Löwenzahnwurzel, Lupinensaat und getrockneten Erbsen versucht, Kaffee zu machen, und ich sage Ihnen, das schmeckte auch nicht schlechter als diese Brühe. Ich habe jedenfalls immer mein polnisches Wechselgeld in den Automaten geschmissen und auch welches, das Kirsten aus dem Urlaub in Thailand mitgebracht hat. Nee, wartense, wie hat sie gesagt? «Spirituelle Erweckungsreise» hat sie es genannt und versucht, das als Dienstreise beim Finanzamt abzurechnen! Und was bringt sie ihrer Mutter mit? Keinen hübschen Wandteller und keine Vase, nee. Eine Handvoll Glückssteine und das Wechselgeld. Fragen Se nicht. Was soll man damit machen? Ich habe es mal in der Kirche in die Kollekte gelegt. Also, das Geld. Das sehe ich gar nicht ein, der Pfarrer fährt einen größeren Koyota als Ilse und Kurt, aber wir mit der schmalen Rente sollen jeden Sonntag für die Kollekte spenden? Das ist ungerecht. Busfahren ist auch wieder teurer geworden, und die Händirechnung jeden Monat … Sie kennen das ja bestimmt auch. Kaum ist der 15. ran, könnte man schon wieder Rente oder Gehalt gebrauchen, nich? Sicher, ich habe eine kleine Rentenerhöhung gehabt, und für Kirsten kriege ich jetzt auch 26 Euro Mütterrente, aber ganz offen – das ist bei den Leiden, die ich wegen dieses Kindes habe, wohl auch gerechtfertigt. Da hat der Pfarrer kein Recht, mir das gleich wieder abzubetteln, zumal seine Predigten so langweilig sind. Ich habe also eine Münze aus dem Urlaub in den Klingelbeutel geworfen, als er reihum ging. Das fiel gar nicht auf. Die Thailandmünzen klappern genauso wie unsere. Wenn man einen Knopf reinwerfen würde, ja, das würde man hören. Das klingt ganz leicht und alle gucken hoch. Aber meinen spirituellen Erweckungsgroschen hat keiner gemerkt. Als der Küster gezählt hatte und der Herr Pfarrer verkündete, dass «unsere heutige Kollekte 65,50 Euro und 2 Bath beträgt», da hat die ganze Gemeinde gelacht. Ich habe mitgelacht, damit es nicht auffällt.

Donnerstags war Singen. Singen ist nichts für mich, müssense wissen. Ich singe wohl, ja. Früher beim Wandern, oder mit Kirsten als Kind. Ich habe ihr immer Schlaflieder vorgesungen und auch vom Bi-Ba-Butzelmann. Heute singe ich nur für mich allein, nicht mehr im Chor. Ich kann es nicht mehr gut, im Alter wird die Stimme brüchig. Das möchte ich nicht mehr öffentlich aufführen. Und das sollten sich auch manch andere zu Herzen nehmen, die es trotzdem tun. Auch in der Kirche gefällt mir das nicht. Einen richtigen Kirchenchor haben wir nicht mehr; die paar Leutchen, die am Sonntag kommen, trällern alle, wie ihnen der Schnabel gewachsen ist. Früher, als Fräulein Specht noch lebte, ja, da war das anders. Die nannten wir «die Lerche von Spandau». Sie hatte noch bis ins hohe Alter eine so hübsche Stimme! Seit sie nicht mehr lebt, kann man sich den Gesang wirklich nicht mehr gut anhören, das muss man zugeben. Schwester Hannah spielt jeden Sonntag die Orgel, aber sie sind beide schon alt. Die Orgel und Schwester Hannah. Sie kennt keine Noten und spielt nach Gehör, und das lässt auch immer mehr nach. Man erkennt kaum die Melodie und dazu noch das knurrende Gesinge vom Herrn Pfarrer. Es ist kein Fest für die Ohren.

Hier, in Wandlitz, sollte ich nun auch singen, und Sie können sich denken, dass sich meine Begeisterung im Rahmen hielt. Aber auf dem Plan stand: «Donnerstag, 16:30 Uhr: Fröhliches Patientensingen, Texte liegen bereit. Um zahlreiches Erscheinen wird gebeten.» Wenn die das schon so schreiben, dann zählen die auch nach, wer da ist und wer nicht; mir schwante das schon. Fast alle Patienten trafen sich in der Cafeteria, und wer nicht kam, kriegte wohl keinen Kuchen. Cafeteria kennen Sie? Früher sagte man Speisesaal, aber Cafeteria klingt moderner. Man muss den Leuten ihre Wichtigtuerei lassen. Sogar die Bandscheiben mussten mitsingen. Wegen der Raucherei klangen sie aber meist ganz rau und brummig. «Singen fördert das Gesamtbefinden», trötete Frau Prachelhauer. Ich glaube, wir mussten nur ständig singen, weil sie nichts anderes gelernt hatte und nicht im Pflegedienst arbeiten konnte. Man kennt das ja, in jedem Betrieb haben se eine sitzen, die nichts kann, aber man kann sie auch nicht kündigen, weil sie schon so lange dabei ist und die Abfindung zu teuer kommt und keiner dafür sammeln will. So eine schien die Prachelhauer zu sein. Sie konnte nur singen und klatschen und ein bisschen tanzen, aber das sah aus, als würde sie Bienen tottreten. Keiner mochte das Singen. Wissense, dadurch, dass ständig jemand entlassen und neu eingeliefert wurde, kam auch gar kein richtig fester Chor zustande. Jeden Donnerstag mussten wir neu summen und einzeln vorsingen und wurden frisch eingeteilt. Wirklich Ahnung hatte die Prachelhauer auch nicht: Mal war ich ein Alt, mal war ich ein Sopran. Je nachdem, was ihr noch fehlte. Ich habe nichts gesagt und lustlos mitgesungen, schließlich wollte ich keinen Vermerk in der Akte. Wie früher beim Stasi, sag ich Ihnen. Furchtbar.

In Grunde bin ich für Musik und höre sie gern, aber sie muss gut gemacht sein, von Leuten, die sich auskennen. Früher dachte ich auch, Kinder sollten alles lernen und auch musische Erziehung genießen. Aber spätestens, als Kirsten dann mit einer Blockflöte ankam, änderte ich meine Meinung. Ein paar Wochen habe ich die Schicht getauscht und freiwillig Spätdienst gemacht am Bahnschalter. Als Wilhelm, also mein zweiter Mann, Kirstens Vater, dann Migräne bekam, hat er die Flöte in der Kochmaschine verheizt. Kirsten hat kurz geweint, aber sie hat die Katze gekriegt, und da war der Schmerz schnell vergessen. Heute würde man das einfühliger regeln, so wie Kurt. Der hat dem Nachbarskind die Flöte mit Bauschaum ausgespritzt, und dann war Ruhe. Aber Bauschaum gab es ja damals noch nicht.

Das Verfahren gegen Kurt wurde übrigens wegen Geringfügigkeit eingestellt, er musste sich nur entschuldigen und dem Kind einen Ball kaufen.

Der alte Herr Hartmann in seinem Rollstuhl musste auch mitsingen. Er kam am gleichen Tag wie ich an und blieb auch sechs Wochen – wir waren zusammen bei der Anmeldung und liefen uns immer wieder über den Weg. Beziehungsweise rollten, in seinem Fall. Er war ganz ein Freundlicher, und manchmal schob ich ihn mit seinem ... Wagen über die Schwelle oder half ihm aus dem Fahrstuhl, die olle Tür schnellte nämlich immer so rasch zu, da hatte er allein gar keine Chance. Herr Hartmann musste auch alles mitmachen und war nicht befreit, obwohl er im Rollstuhl saß. Solange man nicht Bandscheibe hatte, waren die sehr hart. Einmal sind wir versehentlich in den falschen Kurs gegangen, wir sollten zu «Koordination und Gleichgewicht», und als wir die Tür aufmachten, war da Zumba. Das ist wie «Medizin nach Noten», nur mit Leckings und Bumsmusik. Die Kursleiterin war etwas einfältig und überlegte wohl tatsächlich kurz, welche Tanzschritte Herr Hartmann mit dem Rollstuhl machen konnte, aber wir sind ganz schnell wieder gegangen. Also, ich bin gegangen. Der Herr Hartmann … lassen wir das. Herr Hartmann war an sich sehr nett und hatte die Schulter gebrochen, die Beine waren vorher schon hinüber. Singen konnte er leider gar nicht, er brummte nur, ähnlich wie Kurt. Frau Prachelhauer schob seinen Rollstuhl immer neben die Kühltheke, da fiel er nicht so auf. Wenn er es geschickt angestellt hätte, wäre er bestimmt vom Singen befreit worden, und zwar ohne Eintrag. Schade, dass ich nicht die Schangse dazu hatte, ich hätte sie mir nicht entgehen lassen!

So sangen wir jeden Die… Donnerstag in wechselnder Besetzung, und es klang fast wie der Kindergartenchor von Frau Schlode. Wenn es wenigstens schöne Lieder gewesen wären, «Das Wandern ist des Müllers Lust» oder das «Rennsteiglied» oder «Wenn alle Brünnlein fließen». Aber nee. Die Frau Prachelhauer ließ uns modernes Zeug singen, wegen der jungschen Bandscheiben. Schlager. Einige waren recht nett, das mit den Wolken und der Luftaufsichtsbaracke zum Beispiel. Von dem mit dem Bart und der Gitarre, ich kann mir den Namen immer nicht merken. Oder «Ein bisschen Frieden», das war auch schön. Von der Nickolle. Die jungen Leute wollten lieber solches Rockerzeug singen, nee, ganz furchtbar. Aber man muss ja auf die Jüngeren Rücksicht nehmen, das sehe ich ein. Bei «An Tagen wie diesen» und «Heimweh to Hell» habe ich die Singeblätter weggelegt und nur «Mmmmh, mhhh» gemacht. Frau Prachelhauer hat nicht geschimpft und es gelten lassen, mein Einsatz bei «Atemlos» hat wohl alles wieder wettgemacht. Sonst hätte ich mich aber auch aufgeregt. Frau Schupphuhn hat nämlich bei «Hoch auf dem gelben Wagen» immer «Vorwärts die Russen traben» gesungen statt «Rössel», ich habe es genau gehört. Das gab auch keinen Ärger!

Wandlitz ist nicht weit von Spandau, und so waren Kurt und Ilse zwei Mal die Woche bei mir. Als sie die Strecke erst mal raushatten und sich auf dem Parkplatz auskannten, ging es auch recht fix. Kaum zwei Stunden waren sie unterwegs. Aber ich werde nie vergessen, wie sie mich hier das erste Mal besuchen kamen. Es wird immer schlimmer mit Kurt und dem Autofahren, wirklich. Ich sage Ihnen das ganz ehrlich, manchmal habe ich richtig Angst, im Koyota mitzufahren. Kurt stellt vor jeder Fahrt alle Spiegel neu ein. Er fährt als Einziger mit dem Wagen, da frage ich mich, ob das wirklich immer nötig ist. Für mich ist das ein Zeichen, dass er nicht richtig sieht. Kurt ist auch sehr eitel und setzt seine Brille nur beim Überholen auf. Und wann überholt er schon mal?, frage ich Sie. Höchstens, wenn das Müllauto vor uns ist. Dann muss Ilse schnell die Brille in der Handtasche suchen und ihm auf die Nase schieben, und dann schimpft er, dass alles verschwommen ist im ersten Moment. Da wird mir manchmal Himmel, Angst und Bange auf meinem Keilkissen auf der Rückbank. Wir haben schon bei Fielmann gefragt, ob sie nicht die Dioptrien in die Windschutzscheibe schleifen können, aber das geht wohl nicht. Stattdessen wollten die, dass Ilse fürs Werbefernsehen aufsagt, dass sie gern dort kauft, weil die Brillen so schön sind und so preiswert. Aber Ilse hat dem Mann mit der Kamera gleich ihren Bügel unter die Nase gehalten und erzählt, dass der so drückt und sie davon Kopfschmerzen bekommt. Das haben sie dann gar nicht gesendet. Komisch.

Im letzten Jahr hatte Kurt drei kleine Vorfälle. Die waren aber alle nicht schlimm und hatten keine Konsequenzen. Einmal ist er Wilhelm Specht über den Zeh gefahren. Der war einfach so da, wir hatten ihn alle drei nicht gesehen. Wie der da auf einmal hinkam? Nun, er wollte das Überbein schon immer mal operieren lassen. Wir haben ihn im Krankenhaus besucht nach der Operation, er hat sich sehr gefreut. Auch über die Zigarre, die Kurt ihm von seiner Zuteilung abgezweigt und geschenkt hat. Ilse kauft Kurt nämlich drei Stück die Woche, damit muss er auskommen. Mehr gibt es nicht, sonst kommt sie mit dem Gardinenwaschen nicht nach, und die Geranien vertragen auch die Asche nicht gut. Und von seinen drei Zigarren hat Kurt dem Herrn Specht freiwillig eine abgegeben. Da könnense mal sehen, wie leid Kurt das tat.

Der zweite Vorfall war an der Raststätte auf der Autobahn. Man geht ja da nur im Notfall austreten, keiner macht das, weil er es schön findet, nicht wahr? Aber es war ein Notfall, wir hatten zum Mittag beim IKEA einen Kaffee, der ist da immer umsonst auf Karte. Und wer hat schon was zu verschenken, nich? Auf dem Rückweg hielt Ilse es dann aber nicht mehr aus, sie musste Wasser lassen. Auf der Raststätte war aber nicht mal ein gemauertes Häuschen, sondern so eine Art blaue Telefonzelle aus Plastik. Es wackelte ganz furchtbar, als Ilse drin war. Sie sah auch nicht glücklich aus, als sie wieder rauskam, und sagte nur, dass sie darüber nicht sprechen wolle. Kurt hat dann wohl den falschen Gang eingelegt, jedenfalls hüpfte der Koyota und machte einen Sprung. Das macht der sonst nie! Wir erschraken ganz fürchterlich, und dann sahen wir den Schlamassel: Das Plastebüdchen war umgekippt. Der Koyota hatte vorn eine Schramme, aber nicht schlimm. Wir waren froh, dass Ilse schon fertig war. Nicht auszudenken, wenn sie mit dem Häuschen umgekippt wäre. Wir sind dann weiter, was sollten wir machen, wir alten Leute hätten die Pullerzelle nicht wieder aufstellen können.

Das Dritte war auch kein richtiger Unfall. Wir waren zur Eröffnung von so einem neuen Möbelhaus. Es gab Bratwurst umsonst, und wenn Kurt so was liest, dann müssen wir hin. Bis Hannover sind wir gefahren, denken Sie sich das nur! Nur für eine Bratwurst für jeden von uns, Möbel brauchten wird ja nicht. Was soll man denn in unserem Alter noch ein neues Vertiko kaufen, ich bitte Sie. Es war so viel los am Bratwurststand, da hat Kurt die Chance genutzt, seinen guten Hut aufgesetzt und sich noch ein zweites Mal angestellt. In dem Getümmel hat das keiner gemerkt, und Kurt war sehr glücklich. Nee, was da los war, Himmel und Menschen! Wissense, man ist ja froh, wenn man mal rauskommt. Ilse und ich haben je eine Rose zur Begrüßung bekommen, die waren aber ziemlich mickrig und blühten gar nicht richtig auf. Wo war ich? Ach ja. Der Vorfall auf dem Parkplatz beim Möbelhaus. Wir fanden das Auto gut wieder, das war dieses Mal nicht das Problem. Ich mache mit dem Händi jetzt immer ein Foto, seit wir den Koyota damals so lange gesucht haben. Seinerzeit sind wir mit dem Bus nach Hause gefahren und abends, nach Geschäftsschluss, wieder hin, da war das Auto ganz leicht zu finden. Es war das einzige auf dem Parkplatz. Aber nach Hannover war es ja doch ein ganzes Stückchen, deshalb mussten wir gut aufpassen. Wir waren gerade eingestiegen, und Kurt fuhr los, da machte es WUPP, und es kratzte und schnarrte kurz. Ich bin auf dem Rücksitz nach vorn gebumst. Kurt stellte den Motor ab und brummte. «Wir hängen fest», sagte er und stieg aus. Ilse und ich wollten auch aussteigen, aber Kurt hat es verboten und schimpfte sehr laut. Es war wohl so, dass wir nicht vorwärts aus der Parklücke hätten fahren sollen, weil da nämlich ein Blumenbeet war. Die hatten das sehr ungünstig gebaut. Kurt stieg wieder ein, machte den Rückwärtsgang an, und ein paar junge Leute gaben uns einen Schubs. Es machte noch mal WUPP und knarrte, dann waren wir wieder raus aus dem Blumenbeet. Kurt knurrte die Jungen an und grüßte zum Dank. Es war niemand zu Schaden gekommen, und zur Tagesschau fuhren wir wieder in Spandau ein.

Ich hörte Ilse und Kurt schon auf dem Flur. Das hieß nichts Gutes. Wissense, Ilse und Kurt sind normalerweise sehr harmonisch miteinander. Sie streiten fast nie. Nach über 60 Jahren Ehe, was soll man da auch groß streiten, da ist alles gesagt. Kurt spricht manchmal tagelang nichts und brummt bloß. Ich hörte die beiden keifend und fluchend über den Flur näher kommen. Ich setzte mich im Bett auf und richtete mir die Frisur. Der Kragen vom Nachthemd war gestärkt und duftete fein nach Rosenwasser, den Morgenmantel hatte ich an. Jawoll, so konnte ich Besuch empfangen.

«Unter dem Nussbaum kannst du mich begraben! Unter dem Nussbaum auf dem Hof! Ganz egal, wo, nur nicht neben dir!», hörte ich Ilse laut schimpfen. Sie rieb sich den Hinterkopf und wischte sich die Augenwinkel mit ihrem umhäkelten Spitzentaschentuch.

Ach herrje, wenn sich Ilse und Kurt streiten, wird Ilse immer so böse, dass sie nicht mehr neben Kurt beerdigt werden will. Früher wollte sie dann zu ihren Eltern aufs Grab, aber seit sie das vor 30 Jahren eingeebnet haben, will sie im Jutesack ohne Musik unter dem Nussbaum im Hinterhof verscharrt werden. Das meint sie nicht so. Sie sagt das nur, um Kurt weh zu tun. Aber Kurt lässt sich dadurch nicht ärgern, dem ist das nämlich im Grunde egal. Der droht höchstens, den Nussbaum nächstens umzusägen. Das macht Ilse nur noch wütender.

«Ilse! Nun beruhige dich erst mal. Leg ab und trink einen Schluck Selters, und dann erzählst du mir, was passiert ist!»

Kurt und Ilse legten los und erzählten mir gleichzeitig und ausführlich, was geschehen war. Ich versuche, das für Sie kurz zusammenzufassen:

Kurt hatte mit dem Koyota auf den Parkplatz fahren wollen. Das war gar nicht so einfach, man musste nämlich für das Parken bezahlen. Die nehmen es hier im Kur… Reha-Heim von den Lebenden, sag ich Ihnen. Nicht nur von den Patienten, nee, die nehmen es sogar von den Besuchern auf dem Parkplatz. 50 Cent die Stunde. Und wer ist schon nach einer Stunde wieder raus? Ach, hörense mir auf. Wer bloß eine kleine Rente hat, der muss sehen, wo er bleibt. Man kennt das ja so, dass man Münzen in einen Automaten wirft, dann kommt ein Schein raus, den man in den Wagen legt, und dann muss man darauf achten, dass man die Zeit einhält und pünktlich zurück ist. Hier war das offenbar anders, hier war eine Schranke vor dem Parkplatz.

Das ist auch der Grund, weshalb Kurt nicht gern ins Parkhaus fährt. Er hatte vor Jahren – noch mit dem Wartburg – den Fall, dass ihm die Schranke auf die Motorhaube gekracht ist, weil er so schnell den Gang nicht hatte einlegen können. Bei ostdeutschen Fabrikaten war das mit der Handschaltung komplizierter, sagt Kurt. Seitdem meidet er Parkhäuser nach Möglichkeit. Deshalb und auch, weil es dunkel ist im Parkhaus und er nichts sieht.

Aber ich wollte es ja kurz machen, und nun schwadroniere ich hier wie Gläsers beim Erzählen ... entschuldigen Sie bitte. Ilse und Kurt standen mit dem Wagen vor der Schranke. Kurt war wohl ein bisschen zu weit weg vom Automaten und reichte aus dem Fenster nicht ran, um an den Parkschein zu kommen. Ilse nahm das Heft in die Hand und stieg aus, drückte auf den grünen Knopf und winkte Kurt stolz mit dem Kärtchen. Es war so groß wie eine Schipkarte für den Doktor, nur aus Pappe. Die Schranke ging hoch, Kurt ließ den Wagen an und fuhr los. Er musste sich ja beeilen, so eine Schranke bleibt immer nur ein paar Sekunden oben. Ilse dachte, Kurt wollte sie wieder zusteigen lassen, und rannte dem Koyota nach. Aber wie das so ist, wenn eine Dame von 82 Jahren rennt – so schnell ist man da nicht mehr. Sie war gerade an der Schranke, als das Höllending wie eine Güotine nach unten krachte und Ilse am Kopf traf. Kurt parkte erst, bevor er Ilse zu Hilfe kam, was Ilse nicht günstig aufnahm. «Du kannst nachher gleich beim Bestatter anhalten, Kurt. Ich lasse alles ändern, du oller Stiesel!» Ilse schnäuzte sich noch mal die Nase und wandte sich an mich: «Liegen lassen hat er mich. Und neben so jemandem soll ich mich beerdigen lassen?»

Nee, die beiden! Natürlich haben sie sich sehr schnell wieder vertragen. Das machen sie schließlich seit über 60 Jahren. Aber was meinen Sie, in welcher Lautstärke das alles diskutiert wurde. Kurt kann bei so was aber auch stur sein.

Wie beim Einkaufen auch. Im Sommer wartet er ja meist draußen vor der Kaufhalle, bei den angebundenen Hunden und den anderen Männern. Aber im Winter kommt er hin und wieder auch mit rein. Dann macht er an der Expresskasse Kontrolle, ob auch keiner mehr als sieben Artikel hat. Und wehe dem, er erwischt einen. Nee, das ist mir so unangenehm! Er pöbelt dann wildfremde Menschen an, und dabei hat er gar nichts davon. Wie so ein richtiger Rentner. Furchtbar. Er rechnet beim Einkaufen auch im Kopf mit und sagt der Verkäuferin die Summe. Und wehe, es stimmt nicht. Letzthin hat er darauf bestanden, dass der ganze Korb zurückstorniert wird. Die Verkäuferin hat ganz dicke Backen gemacht, aber gesagt hat sie nichts. Zum Schluss stimmte es, und Kurt musste klein beigeben.

Um abzulenken, hat er sie gefragt, ob sie bei Schungelkamp mitgemacht hat.

Ilse kramte in ihrer Tasche. «Guck, was ich dir mitgebracht habe, Renate!», sagte sie und legte mir stolz ein Päckchen auf die Bettdecke, das in Silberpapier gewickelt war. Neugierig machte ich es auf, und da bröselte mir das Zeug auch schon entgegen: Sandkuchen. Ich biss mir auf die Lippen und bedankte mich, so höflich es ging. «Was von zu Hause schmeckt doch immer gut, Renate», gab Ilse zum Besten. Im Grunde hatte sie recht, aber doch nicht unbedingt ihr Sandkuchen. Frisch mag er ja einigermaßen schmecken, aber sie backt ihn zwei Wochen im Voraus. Sie hat immer einen angeschnittenen und einen fertigen Sandkuchen stehen, und trotzdem backt sie schon den nächsten. «Weil die Eier wegmüssen, die werden sonst schlecht», sagt sie. So ist sie vor zehn Jahren mal aus dem Rhythmus gekommen und isst seitdem alten, trockenen Kuchen, nur weil sie ein Paket Eier zu viel hatte. Aber wenn man ihn einditscht, geht es. Kurt ist übrigens befreit vom Sandkuchenessen. Er kaut immer sehr gründlich, er kaut sogar sein Bier. Und seit er sich den Eckzahn seiner Prothese abgebrochen hat beim Dienstagskaffee und die Zahnärztin ihn ankleben musste, braucht er keinen Sandkuchen mehr zu essen. 32 Euro mussten sie zuzahlen, denken Se sich das mal! Ilse hat so geschimpft, aber was bezahlt werden muss, muss eben bezahlt werden, da beißt die Maus keinen Faden ab. Und Kurt seitdem auch nicht mehr vom Kuchen. Ich bin ein bisschen neidisch auf ihn, aber bei mir hat Ilse kein Erbarmen. Ilse macht immer nur Sandkuchen, sie ist da sehr eingefahren. Ich probiere auch gern mal was Neues aus, aber am liebsten backe ich Pflaumenkuchen. Beim Pflaumenkuchen macht mir keiner was vor. Das Rezept ist ein bisschen schwierig, jawoll, das gebe ich zu. Aber dafür schmeckt er auch sehr fein, Sie, da lecken Se sich alle zehn Finger nach! Kurt sagt immer «Unterleibskuchen» dazu und grinst dann ganz verschmitzt, und Ilse wird dann rot und nestelt an ihrem Blusenkragen und sagt: «Also Kurt!» Gehen Sie mir los mit den Fertigmischungen, die die Berber immer anrührt. Ich sehe doch die Kartons in der Altpapiertonne!

Eine Tüte aufreißen und nur mit Milch anrühren? Nee, das gibt es bei mir nicht. Das geht gegen meine Ehre als Bäckerin. Ich setze den Hefeteig von Hand an. Der muss erst 20 Minuten gehen und später noch mal eine gute Stunde an einem warmen Ort. Am besten, man stellt den Ofen auf 50 Grad und lässt ihn offen. Heute mit den tausend Knöppen ist das gar nicht so einfach, neulich habe ich das falsche Programm gewählt, und dann hat der Herd abgetaut. Nee. Gereinigt. Ach, ich weiß auch nicht. Auf jeden Fall hat er viel Krach gemacht und Schaum.

Während der Teig geht, putze ich die Pflaumen. Ganz wichtig ist, dass man sie nicht wäscht. Sie dürfen nur auf einem Tuch gerieben werden. Immer sachte hin und her rollen. Wenn man sie wäscht, saugen sie sich mit Wasser voll, und der Kuchen wird klietschig. Das kann man mit gekauften Pflaumen aber nicht machen, die sind ja alle gespritzt. Aber mit denen aus Gläsers Garten geht das, da kommt ja kein Abgas dran und auch keine Chemie. Kurt spritzt nicht im Garten, das hat ihm Ilse alles verboten. Er darf nur hacken und graben und harken. Für Chemie waren Gläsers noch nie, aber vor ein paar Jahren hat Kurt mal so einen Ärger mit Wühlmäusen gehabt. Da ist der

Kerl nur auf dumme Ideen gekommen, Sie machen sich keine Vorstellung! Je oller, desto doller. Als Erstes hat er Haare überall im Garten verteilt, Himmel, nee, überall lag das Zeug. Zwischen den Erdbeeren und sogar am Kirschbaum hing ein Büschel. Als das alles nichts nützte, hat Kurt bei seinem Freund Pjotr, von dem er auch immer die Silvesterraketen kauft, Böller geordert. Fragen Se nicht. Ich war ja nicht dabei, aber so wie Ilse erzählt hat, muss es schlimm gewesen sein. Der alte Herr Brabbert von nebenan hat jedenfalls nach dem Luftschutzbunker gesucht.

Seitdem hat Ilse alles verboten; Chemie und Experimente mit Knallkörpern. Kurt ist sehr traurig und schimpft. Ihm wird immer mehr genommen, sagt er. Am Koyota darf er nichts anfassen, im Haus nirgends was aufschrauben, wo Strom dran ist, mit offenem Feuer darf er nicht mehr hantieren, und nun hat er auch Garten-Vorschriften, die er beachten muss. Aber es ist zu seinem Besten, Ilse muss da ein bisschen aufpassen, sonst geht das nicht mehr lange gut.

Ilse rückte sich die Frisur gerade und verschwand mit einem Päckchen Kaffee im Schwesternzimmer. Sie wollte sich mit der Oberschwester gut stellen, damit Kurt und sie auch außerhalb der Besuchszeiten kurz reinschauen konnten bei mir.

«Ilse, das ist hier nicht mehr so streng. Wenn nicht gerade Fisiete ist oder ich Anwendungen habe, könnt ihr mich immer besuchen», rief ich ihr noch nach, aber sie war nicht zu stoppen. Sie ist eben eine alte Dame, die gewöhnen Sie nicht mehr um. Sie denkt immer noch, die

Schwestern sitzen den ganzen Tag rum und trinken Kaffee wie in der «Schwarzwaldklinik». Aber es ist ja nicht verkehrt, dachte ich, die Schwestern haben es verdient. Und wenn sich rumspricht, dass die Freundin von Frau Bergmann Kaffee spendiert hat, na, das kam mir im Fall des Falles bestimmt auch zugute, dachte ich mir. Was meinense, was das für Ärger gab, als Schwester Sabine nach der Spätschicht nicht schlafen konnte und die halbe Nacht Herzrasen hatte von dem Zeug. Ilse hatte nämlich ganz strengen Mokka gekauft; Expresso! Böse Blicke habe ich geerntet, und dabei konnte ich gar nichts dafür!

Ilse regelt sehr viel mit einem Päckchen Bohnenkaffee. Deshalb fahren wir auch montags immer gleich los, wenn es den irgendwo im Angebot gibt, und holen meist eine ganze Stiege. Da sind zwölf Pakete drauf, und wenn der einen Euro billiger ist – rechnen Se sich das mal durch! Neulich waren wir bis nach Steglitz rüber zum REWE. Wie oft hat man schon erlebt, dass die Angebote nur eine Stunde reichen und man vor einer leeren Palette steht? Nee, wer einmal mit Lebensmittelkarten versucht hat, Milch zu kaufen, und keine mehr abbekam, der ist zeitig da, wenn es solche Schnäppchen gibt. Kurt fuhr sachte und gemächlich, man muss ja immer mit Wildwechsel rechnen, auch in der Stadt. Da hupte es auf einmal neben uns, und Gertrud winkte herüber. Sie war mit Gunter Herbst unterwegs. Gunter fährt wie Kurt noch selbst, aber nur 50. Man muss ja dankbar sein, dass er noch mobil ist. Aber dass er uns im Koyota überholte, das wurmte mich schon. Ganz hämisch hat Gertrud rübergegrinst, als sie an uns vorbeifuhren, das war sehr hässlich von ihr. Aber sie waren nur ein paar Minuten vor uns beim REWE, und wir haben uns trotzdem noch mit der Krönung bevorraten können. Das merke ich mir aber. So was macht man nicht mit Renate Bergmann. Das war sehr ungezogen von ihr.

Mich wunderte sowieso, dass Gertrud auf einmal Krönung kauft. Normal schmeißt die in den Korb, was ihr in die Finger kommt. Deshalb gehe ich in der Regel mit Ilse und Kurt einkaufen, nicht mit Gertrud. Mit ihr kann man durch Dick und Dünn gehen, aber nicht einkaufen. Die legt einfach Albrecht-Kaffee in den Wagen statt der Krönung. Was habe ich mich aufgeregt! Ich darf nur eine Tasse pro Tag, das weiß Gertrud ganz genau, und dann muss es auch was Besonderes sein, nicht so billiges Zeuch. Nee, das macht keinen Spaß mit ihr.

So ein Päckchen Kaffee öffnet einem ja die Türen, und man kommt überall weiter und hat seine Vorteile. Wenn wir schwimmen gehen zum Beispiel. Die haben das Wasser bei uns in der Halle über die Jahre immer ein Grad kälter gestellt. Erst merkt man das ja gar nicht, aber als sie runter waren auf 21 Grad, nee, also, da wurden uns schon die Lippen blau. Ilse ist dann mit einem Päckchen Krönung hin zum Schwimmmeister, sie kennt ihn recht gut. Sie war früher seine Deutschlehrerin, und er ist ihr immer noch dankbar, dass sie ihm den Aufsatz über den «Osterspaziergang» hat durchgehen lassen, obwohl er seinerzeit acht Seiten über das Osterfest mit seiner Oma und das Eiertrudeln abgab statt über Goethes Gedicht.

Jedenfalls kriegt er zweimal im Jahr ein Päckchen

Kaffee und im Sommer auch ein Glas von ihrer Mehrfruchtmarmelade, dafür stellt er uns am Freitagnachmittag, wenn wir zum Seniorenschwimmen kommen, das Wasser schön warm. Ach, das schwimmt sich doch ganz anders, wenn man es schön mollig hat.

Ilse kam zufrieden lächelnd aus dem Schwesternzimmer und sicherte mir zu, dass alles geregelt sei: Sie und Kurt dürften jederzeit reinschauen, und Schwester Sabine hatte ihr sogar ein paar Stücken ihres Staubkuchens abgenommen. Sie hatte aber zu Hause noch Vorrat für den nächsten Besuch, dessen war ich gewiss.

Kirsten war wieder abgereist nach Brunsköngel, als ich in die Reha gekommen war. Ich hatte Ilse gebeten, in meiner Wohnung zu schauen, ob das Kind keine Möbel verrückt hatte und alles in Ordnung war – sie sagte, es war alles an seinem Platz. Ich vertraue Ilse, sie ist ja meine Freundin. Aber ganz konnte ich es mir nicht vorstellen. Ich kenne Kirsten!

Fragen Se mich nicht, woher das Mädel den Quatsch immer hat. Letzten Sommer ist sie mit dem Kassettenrekorder auf meinen Balkon gegangen und hat den Tomaten Musik vorgespielt. Mozart. Angeblich sollte das das Wachstum fördern und kräftigere Früchte bringen. Ich dachte: «Lass sie, solange sie keine Hottentottenmusik spielt», aber was meinen Sie, wie komisch die Meiser hochgeguckt hat zum Balkon. Dabei hat die gar nichts zu gucken, das geht die einen feuchten Kehricht an. Ach, ich rege mich schon wieder auf, so ein furchtbares Weib. Neulich auch, da stand bei uns vor der Haustür der Bestatter mit dem Leichenwagen. Der ist von der Innenstadt hergezogen, sitzt jetzt nur ein paar Straßen weiter. Mir kommt das entgegen, wissense, im Alter schätzt man die kurzen Wege. Weil er bei sich keinen Platz gefunden hatte, war der Wagen vor unserer Tür geparkt. Sie glauben ja nicht, wie die Meiser geguckt hat, als sie mich nach ein paar Tagen wieder sah. Die hat sich bestimmt innerlich schon gefreut. Aber Pustekuchen, Renate Bergmann hatte es nicht erwischt! Das könnte der so passen.

Ich will da ganz ehrlich zu Ihnen sein: Noch mehr Angst als vor dem Altersheim habe ich davor, dass Kirsten mich zu sich nimmt. Als Mechthild Koors im Frühjahr zu ihrer Tochter und deren Familie gezogen ist, habe ich mich gar nicht getraut, ihr das zu erzählen. Ich hatte Angst, sie würde auf dumme Gedanken kommen. Das fehlte mir noch, nee, also dann lieber in ein Altersheim.

Kirsten läutete täglich an auf dem Händi und kümmerte sich. Das Gute war, dass ich schlechtes Netz hatte im Kur... Reha-Heim. Jaja, ich lerne das schon noch. So hatte ich immer eine Ausrede, wenn ich keine Lust hatte, dranzugehen an das Tomatentelefon. Ich hatte schließlich auch jeden Tag Anwendungen, Sie ahnen es nicht! Die hielten mich hier ganz schön auf Trab. Heilgymnastik und Moorbäder, Gehtraining und Strom und Gleichgewichtsübungen und ach, ich kann das gar nicht alles aufzählen. Ich war nur unterwegs im Haus, und wenn ich bis zur Halskrause in der Moorpampe lag, na, da konnte ich nicht ans Händi. Das musste Kirsten verstehen.

Aber das Schicksal meinte es wirklich nicht gut mit mir, es gab kein Entrinnen: Nach zwei Wochen war sie schon wieder im Anmarsch. Diesmal konnte sie aber nicht mit dem Auto kommen, weil sie über Katzenspielzeug gestolpert war und sich den großen Zeh gebrochen hatte. Damit durfte sie kein Auto fahren und kam mit dem Flugzeug.

Na, das ist ein Ding in Berlin! Wir sollten schon längst einen neuen Flughafen haben, draußen in Schönefeld, aber das dauert noch mindestens, bis ich 90 bin. Das ist ein Theater mit dem neuen Flughafen, nu sagense mir bloß nich, dass das normal ist?! Da kann doch was nicht stimmen. Jetzt sind sie schon ein paar Jahre überm Termin, und es kostet das Doppelte wie geplant. Überall auf der Welt bauen sie Flughäfen. Was ist denn schon groß dabei? Mir muss keiner was erzählen, ich bin schon mal geflogen – ich kenne mich aus. Man braucht eine lange Betonstraße zum Abfliegen und Landen – die ist fertig. Dann braucht man eine Halle, wo die Fräuleins die Abfertigung machen und alles in den Computer tippen, ein paar Gepäckbänder und Lautsprecher für wichtige Durchsagen. Wenn der kleine Max verlorengegangen ist oder wenn Frau Deichgräber dringend zu ihrem Flieger kommen soll. Das war es dann aber auch schon, nich? «Schwierigkeiten mit dem Brandschutz», heißt es. So ein Quatsch. Wir waren beim Tag der offenen Tür und haben uns alles genau angeschaut. Kurt war mit und auch Gunter Herbst. Die kennen sich beide aus, Kurt war früher Elektriker, und Gunter hat bis weit über 70 in der freiwilligen Feuerwehr gedient. Die Männer haben sich in den Hallen umgetan, während Ilse und ich die Fenster in Augenschein genommen haben. Ach je, das waren schon ziemlich große Flächen, also, da würden wir zum Putzen unsere drei Tage brauchen. Gertrud hatten wir für die Böden eingeteilt – die waren neu und mussten nur feucht gewischt werden, da war nicht groß was zu scheuern. Das hätte selbst Gertrud hinbekommen.

Also, wir hatten grob gesagt eine knappe Woche veranschlagt, dann hätten sie eröffnen können. Aber denken Sie, einer der Verantwortlichen hätte sich unseres Vorschlags mal angenommen? Wir sind von einem Wachmann zum anderen gelaufen, wir haben jeden einzelnen Schlipsträger angesprochen. Sollen Se nicht denken, dass auch nur ein einziger zuständig gewesen wäre. Alle zuckten nur mit den Schultern, guckten komisch oder fuchtelten mit den Armen. Ich frag mich, wofür die bezahlt werden. Und soll mir keiner kommen, wir wären zu alt: So verfahren, wie die ganze Geschichte ist, müssen da wirklich Leute ran, die die Ärmel hochkrempeln und den Dreck wegräumen können. So, wie unsere Generation es nach dem Krieg gemacht hat. Aber auf uns hört ja keiner, die Alten sollen bloß brav in der Ecke sitzen, Volksmusik gucken, ab und an eine Busfahrt machen und sonst den Mund halten. Hörense mir doch auf. Aber da kann man mal sehen, was die mit unserem Steuergeld machen. Wie oft fragt man sich, wo das bleibt, aber da kann man es mal sehen. Jeder jammert, dass er so viel bezahlt, und der Staat nimmt so viel ein wie noch nie. Das geben sie ja sogar zu. Ich frage mich nur immer, wofür sie es ausgeben. In den Schulen bröckelt der Putz von den Wänden. Bei der Armee haben sie nur Schrottpanzer, und die Flugzeuge springen nicht mal an. Die Brücken müssen gesperrt werden, weil alles bröselt. Und die Straßen? Herrje. Im Winter friert alles kaputt, und dann dauert es bis September, bis sie die Löcher ausflicken. Ich bin im Frühjahr mit dem Rollator so heftig durchgeruckelt worden, dass mir das Kornfläschchen vorn aus dem Korb gefallen ist. Auf den Steinen ist es natürlich zerschellt. Es war ein Jammer! Nee, da frage ich mich oft, wo das Geld bleibt und was die damit machen. Gucken Sie doch auf Ihren Lohnstreifen oder auch auf den Rentenbescheid, was da abgezogen wird. Krankenkasse, jawoll, das sehe ich ein, und Steuern auch. Aber dann sollen die mir mal erklären, wo es hingeht! Erinnern Sie sich noch an die letzte Diätenerhöhung, die die gemacht haben? Jeder kriegt seitdem 800 Euro mehr im Monat, nicht nur die Frau Merkel oder der Schwabe mit dem Rollstuhl oder die mit den vielen Kindern, die jetzt bei den Panzern ist ... da würde man das ja noch einsehen. Die müssen viel arbeiten. Nee, alle. Auch die, die man gar nicht kennt und die auch nie da sind. Gucken Se mal im Fernsehen, wenn Bundestag ist; mehr als 100 sind nie im Saal. Ach, ich darf gar nicht anfangen, darüber nachzudenken, dann kriege ich wieder rote Pusteln. Die kriegen jetzt alle 800 Euro MEHR. Nicht insgesamt. Ich habe 45 Jahre gearbeitet, in Schicht und bei Wind und Wetter. Ich habe ein Kind erzogen – jawoll, auch wenn Kirsten ein bisschen neben der Spur ist –, und ich kriege gerade so viel Rente im Monat, wie die Herrschaften sich ihr Gehalt erhöht haben. Nee, ich muss aufhören, sonst platzt mir die Halsschlagader.

Aber was wollte ich? Ach, Kirsten kam mit dem Flugzeug. Kurt hat sie abgeholt, wenn auch mit Murren. Er fährt gern Auto, aber er ist auch ein bodenständiger Mensch, und bei Kirsten pustet selbst er die Backen auf. Auch wenn er nichts sagt, ich weiß, was er denkt. Außerdem ist er ein bisschen neidisch, dass Kirsten einen Porsche fährt und er nur einen Koyota. Er liest immer wieder die Inserate in der Zeitung, und wenn einer einen Porsche verkauft, dann lässt er die Zeitung ganz demonstrativ auf dem Tisch liegen, damit Ilse es auch sieht. Ilse hingegen hat die Sparbücher versteckt und ihm verboten, auch nur daran zu denken.

Gläsers haben sich wirklich gut um Kirsten gekümmert, schon, damit sie nichts anstellt. Sie wollten nett sein und haben sie zum Grillen eingeladen. Sie wussten ja, dass sie kein Fleisch isst, deshalb hat Ilse Hühnchen, Lamm und sogar Forelle für sie geholt. Aber das wollte sie auch nicht, und Kurt hat gesagt, die Buschbohnen konnte er nicht grillen. Die sind ihm immer durch den Rost gerutscht. Kirsten hatte selbst Würstchen aus Soja mitgebracht, aber die haben sich bei der Hitze aufgelöst und sind im Grillfeuer verdampft. Sie hat dann von Ilses Gurkensalat gegessen und zwei Stullen mit Keppschupp.

Im Grunde war es nicht nötig, dass sie wieder nach Berlin kam. Mir ging es von Tag zu Tag besser, und ich machte Fortschritte. Sicher, ich war noch nicht wieder fit und mobil, sie maßen ständig mit einem Winkeleisen nach, wie weit ich mich schon beugen und bücken konnte, und ich musste oft den Rollator nehmen. Ich sage ja lieber «Gehwägelchen», das klingt viel hübscher, finden

Se nicht? An einem Mittwoch war eine Firma im Heim und hat die Wagen gewartet. Sie haben die Schrauben nachgezogen und auch ein paar Tröpfchen Öl an die Räder getan. Es war danach sehr ungewohnt. Die Dinger rollten ja viel schneller, ich kam ganz außer Atem und stand fast waagerecht in der Luft, so zog mich das Wägelchen hinterher. Ohne Rollator ging es erst ein paar Schritte, aber es wurden jeden Tag ein paar mehr. Ich hatte so viele Anwendungen, wissense, manchmal wurde mir der Besuch schon fast zu viel. Kam ich vom Aquaturnen, saß Gertrud schon in meinem Zimmer. Saßen wir beim Singen in der Cafeteria, winkten Kurt und Ilse zum Fenster rein. Und als Kirsten in Berlin war, na, da war ich gar nicht mehr sicher. Dann trafen die sich hier alle in meinem Zimmer und redeten miteinander, Sie, ich habe nur mit dem Kopf geschüttelt. Stellense sich das mal vor, da komme ich vom Moorbad hoch, noch im Bademantel und mit Badehaube, und auf meinem Bett sitzen meine Tochter und meine beste Freundin und stechen sich mit Nadeln voll. Auf den Besucherstühlen Ilse mit Sandkuchen und Kurt, der aus dem Fenster guckt und Schwester Sabine im Park beobachtet und rätselt, ob sie wohl die Assistentin vom Kulenkampff gewesen ist. Kirsten hat mit Gertrud Akkupunkte gemacht. Wegen des Stuhlgangs. Fragen Sie besser nicht, ich weiß auch nicht mehr. Kirsten ist immer froh, wenn sie jemanden findet, an dem sie sich mit ihrem Hokuspokus austoben kann. Und Gertrud ist ein Gemütsmensch, die hat sich von Kirsten auch die Haare bürsten lassen, als beide noch ein wenig jünger gewesen sind. Das ist bis heute so geblieben, nur, dass Kirsten nicht mehr bürstet und Zöpfe flicht, sondern kleine Nadeln in Gertrud steckt. Der ganze Kopf war voll, sie sah aus wie ein Käseigel. «Gertrud, jetzt kannst du bestimmt Bezahlfernsehen empfangen. Wie steht's denn bei den Bayern?», hat Kurt sie gefragt, aber Gertrud fand das gar nicht lustig. Es wirkte nämlich schon, und sie musste dringend austreten. Dass Kirsten wirklich den richtigen Punkt findet, hätte ich nicht geglaubt. Vielleicht war es auch Zufall, Gertrud hat immerhin Reizdarm und kann sowieso regelmäßig. Kirsten kramte in ihrer Handtasche und suchte nach einem Zettel. «Mutti, guck, das ist das Programm für die nächste Woche, das habe ich dir besorgt. DA und DA gehst du hin!»

Sie tippte mit dem Zeigefinger auf Donnerstag, wo «Möglichkeiten und Grenzen von pflanzlichen Heilmitteln» stand, und auf Samstag. Samstag war Gruppe I beim «Qigong» und Gruppe II beim «Zumba». Zumba, das war doch das Gehopse mit Hippiemusik, bei dem ich versehentlich mit Herrn Hartmann reingeraten war?! Beides in der Turnhalle. Ich presste kurz die Augen zu, sammelte Kraft und scheuchte sie dann alle hoch.

Ich war schließlich zur Erholung hier und nicht zum Tanztraining, nicht zum Kochen und schon gar nicht, um mich mit Pflanzenheilkräften zu befassen. Ich wollte wieder richtig laufen lernen. Dass die sich nie auf das Wesentliche konzentrieren können!

Kirsten wollte noch Joga mit mir üben, aber mir reichte es jetzt endgültig. Mir wurde das alles zu viel. Ich weiß noch, wie sie damals unbedingt Namen tanzen wollte mit mir. Hörense mir auf. Ich bin bis heute froh, dass in «Renate» kein «s» ist, sonst wäre die Hüfte damals schon ... lassen wir das.

«Mutti macht jetzt den ‹Toten Baumstamm› und sonst gar nichts», rief ich ihr zu.

Ich habe sie allesamt nach Hause geschickt an dem Nachmittag und es mir gemütlich gemacht.

An meinem Bett war ein Gestänge mit einer Schlaufe, die einem beim Aufrichten helfen sollte, und eine Leselampe. Die flackerte ständig. Wenn Frau Schupphuhn im Nachbarbett Schluckauf hatte zum Beispiel und auch, wenn sie auf ihrem Fernseher umschaltete. Ich hatte Schwester Sabine gebeten, dass sie dem Hausmeister Bescheid sagt, dass der mal guckt. Das konnte ja so nicht bleiben. Aber einen Hausmeister gab es nicht. Stattdessen kam nach drei Tagen der Lehrbub einer Elektrikfirma, um am Kabel zu wackeln. Der durfte zwar schon Auto fahren, aber noch keinen Strom anfassen. Er sagte, er würde mit einem Kollegen wiederkommen. Das dauerte eine Woche. Sie wechselten dann zu zweit das Birnchen. Das flackerte zwar immer noch, aber sie zuckten beide nur mit der Schulter. Sie hätten nur einen Vertrag für Wartung, und wenn das ein größerer Schaden sei, müsste das Heim einen Investitionsantrag stellen. Ich bin ja eine Frau der Tat und habe nicht mehr diskutiert, sondern bin das Problem von zwei Seiten her ganz praktisch angegangen: Erstens habe ich Schwester Sabine gebeten, dass sie der Frau Schupphuhn Tabletten gegen den Schluckauf gibt, und zweitens habe ich Erwin um Hilfe ... ersucht. Er kam gern ja hin und wieder herübergeschlendert in mein Zimmer, wenn wir beide keine Anwendungen hatten, und man vertrieb sich ein wenig gemeinsam die Zeit. Erwin hatte, bis er in Rente ging, eine Autowerkstatt gehabt. Automechaniker sind ja handwerklich vielseitig begabt, und so ein Lämpchen war ein Klacks für einen Kerl wie ihn. Er musste sich nicht mal sein Werkzeug von zu Hause mitbringen lassen, sondern ging mit dem Taschenmesser und ein bisschen Pflaster ran. Ja, auf einen Mann wie Erwin Beusel konnte man sich verlassen. So ging es. Da brauchten wir keinen Investitionsantrag. Hörense mir auf. Das ganze System ist doch krank, keiner ist mehr für irgendwas zuständig, jeder guckt erst mal in seinen Vertrag, ob er auch verantwortlich ist und ob er es bezahlt bekommt. Das ist wie mit der Putzfrau, das muss ich ihnen auch noch erzählen, das glaubt einem ja sonst niemand:

Jeden Tag kam eine Reinemachefrau ins Zimmer und wischte die Nachtschränkchen und den Tisch. Meist kam Fräulein Jasmin, ein sehr nettes Mädchen. Sie machte das ganz manierlich, ich habe es kontrolliert. Sie haben extra Lappen für jedes Zimmer. Müssen sie ja haben, wegen der Keime und so. Ich bin ja reinlich, aber andere ... na, das will ich gar nicht wissen. Man hat schließlich auch Extralappen für Gesicht und für untenrum, deshalb ist das schon alles richtig so. Sie wischte jeden Tag fleißig und war auch wirklich zackig dabei. In unserer kleinen Badestube, die direkt mit im Zimmer war, hat sie jeden Tag feucht gewischt. Danach durfte man eine halbe Stunde lang nicht austreten gehen, weil es trocknen musste. Es roch streng nach Chemie. Sie wissen ja, wie das ist, wenn man mal eine halbe Stunde nicht darf: Man muss nämlich genau dann. Es war zum Verrücktwerden. Ich bin dann immer unten in der Cafeteria gegangen, auf die Besuchertoilette. Die Bandscheiben, die beim Rauchen saßen, amüsierten sich über meinen feinen Morgenmantel, wenn ich vorbeikam. Sollten die nur staunen, das ist noch Qualitätsware aus der Zeit meiner zweiten Ehe! Dezent rosé, mit einem sehr hübschen Rosenmuster. Den hat mir Wilhelm gekauft, als ich Kirsten entbunden habe. Der war teuer damals, aber Wilhelm hat gesagt: «Wenn meine Frau schon ins Krankenhaus muss, dann soll sie wenigstens die Schönste sein.» Heute weiß ich, dass er nur sein Gewissen beruhigen wollte, weil er sich mit anderen Frauen vergnügt hat, aber lassen wir das. Soll er in Frieden ruhen, jedenfalls bis ich da oben erscheine.

Wenn ich vom Austreten wieder auf mein Zimmer kam, war das Fräulein Jasmin meist schon im Nachbarzimmer. So konnte ich sie noch finden, wenn Mängel waren, und sie im Fall der Fälle gleich nacharbeiten lassen. Am Schrank, da hat sie nämlich nie richtig gewischt. Da blieben immer Schlieren. Sie war recht klein gewachsen und reichte nicht richtig hoch. Es blieb immer ein Bogen wie ein Sonnenaufgang nach dem Trocknen, aber eine erfahrene Hausfrau wie ich wischt das ja von sich aus weg. Es gab im Großen und Ganzen keinen Grund zu meckern, und so bat ich sie am Donnerstag, doch mal den Papierkorb auszuleeren. Da antwortet mir das freche Ding: «Papierkorb leeren nur Montag, Mittwoch und Freitag. Das steht so in meinem Vertrag. Wenn ich ihn am Donnerstag leere, kriege ich das nicht bezahlt.»

Nach so einer Antwort sitzen Se dann erst mal da und wissen nicht, was Sie sagen sollen. So ging es mir jedenfalls. Ich hab das erst mal sacken lassen und mir dann gedacht: «Ruhig Blut, Renate, das kriegen wir schon.» Solche Leute muss man nämlich mit ihren eigenen Waffen schlagen. Meist sind die nicht sehr scharf. Ich will nicht ausfallend werden, aber wenn sie in der Schule besser aufgepasst hätte, müsste das Mädelchen ja jetzt nicht Bettpfannen leeren und Nachtschränkchen abwischen, nich?

Ich richtete mich auf im Bett und fragte genauer nach. «Aber den Boden wischen Sie jeden Tag, richtig?» Jawoll, Boden fegen war jeden Tag im Vertrag, bestätigte sie mir. «Soso», wiederholte ich nickend, während sie in die Badestube verschwand, um dort zu feudeln. Ich hangelte nach meiner Krücke und stieß damit den Papierkorb um. Der ganze Müll lag auf dem Boden verstreut. Fräulein Jasmin kam aus dem Bad und schlug die Hände vors Gesicht. «Frau Bergmann, wie ist das denn passiert?»

Ich guckte unschuldig und stammelte: «Fräulein Jasmin, schauen Sie nur mein Missgeschick an! Die Krücke … ich bin abgerutscht … es tut mir so leid.» Sie fegte anstandslos den Müll weg. Boden reinigen stand schließlich in ihrem Vertrag, das war kein Problem.

Und was die Jasmin alles für Putzmittel hatte in ihrem Wagen! Ich sehe ja ein, dass man das im Krankenhaus braucht, aber doch zu Hause nicht. Da reichen die einfachen Sachen, glaubense mir. Alles andere ist Geldschneiderei. Das sage ich auch jedem, vollkommen egal, ob er es hören will oder nicht. Das ist Bürgerpflicht!

In der Drogerie gucken sie immer ganz böse, wenn ich zur Tür reinkomme. Besonders die eine mit den schwarzen Haaren und dem Ring zwischen den Augen. Wie ein wilder Stier, ein richtiger Giftzahn ist das. Man sieht das schon an den Augen. Ganz grimmig guckt die; und seit ich damals der jungen Frau Haushaltstipps gegeben habe, hat die mich auf dem Kieker, glaubense mir. Es war im Frühjahr, ich brauchte Schuhcreme, wissense, heutzutage streuen die ja alles mit Salz im Winter, nicht mit Asche oder Sand wie früher. Da kriegt man dann weiße Ränder auf dem feinen Leder. Wenn man da nicht hinterher ist, frisst einem das Salz die guten Schuhe kaputt. Ich schiebe also durch den Laden und sehe eine junge Frau, wie sie den Wagen vollpackt mit teuren Spezialmittelchen. Ich konnte nicht anders, ich habe sie angesprochen. «Mein Mädelchen», sagte ich, «Sie wollen bestimmt Frühjahrsputz machen?» Sie wollte. «Aber dafür brauchen Sie doch nur Schmierseife und ein paar Spritzer Spiritus, eventuell noch einen Haushaltsreiniger. Da reicht aber auch der billige, alles andere ist Hokuspokus.» Ich habe ihr dann erklärt, wie man Fenster putzt, wie man die Fliesen richtig schrubbt und wie sie mit einer alten Zahnbürste sogar die Kruste an den Herdplatten wegbekommt. Ihre teuren Spezialmittel haben wir alle wieder ins Regal geräumt. Das Kind hat bald an die 40 Euro gespart, das ist eine Menge Geld, denken Se mal! Die verdienen ja auch kaum mehr, als unsereins Rente bekommt, da rechnet man doch mit. Wenn ich mein Wissen als Hausfrau weitergeben kann, mache ich das gern. Viel zu wenige hören einem heute noch zu, ach, ich bin immer froh, wenn eins von den jungen Dingern meine Ratschläge so annimmt wie Stefans Ariane jetzt. Da fühle ich mich immer ganz wohl, und es ist mir warm ums Herz. Nur aus der Erziehung später halte ich mich raus. Sie wissen ja, wie Kirsten geraten ist.

Nee, mit Reinemachen kenne ich mich aus. Bei mir können Sie vom Boden essen, aber selbstverständlich kriegense auch einen Teller.

────── Schwester Sabine sagt, wir sollen
proaktive **MUSKELENTSPANNUNG** machen.
Eine Hälfte schnarcht, **EINE HÄLFTE PUPST**,
 und ich weiß nun gar nicht. ──────

Ich war nun schon die dritte Woche hier, und langsam kam ich zur Ruhe. Die Besuchszeiten hatte ich eingeteilt und Kirsten wieder freundlich nach Brunsköngel geschickt. Stefan kam mich jede Woche besuchen. Mehr wollte ich gar nicht, der Junge sollte sich mal um die Ariane kümmern. Das Mädel litt so an Schwangerschaftsübelkeit! Wie die Herzogin Kät von England. Die hat beim kleinen Georg doch auch jeden Morgen über der Schüssel ge… lassen wir das. Stefan sagte, Ariane wurde schon schlecht, wenn er nur vom Kurheim erzählte. Der Krankenhausgeruch hätte sie spucken lassen. Das konnte ich gut verstehen, eine Frau in ihrem Zustand hatte hier nichts verloren. Sie lag die meiste Zeit auf dem Sofa, sagte Stefan, und verlangte nach Schmalzstullen mit Nutella. «Stefan, das wird ein Junge!», sagte ich, als ich das hörte. «Wenn man in der Schwangerschaft Süßes will, wird es ein Junge.» Aber Stefan meinte, dass Schmalz herzhaft wäre und außerdem in Kirstens Karten stand, dass es ein Mädchen wird. «In den gleichen Karten, in denen auch stand, dass Ariane keine Kinder kriegen kann?», fragte ich. Hihi.

Ich hatte mich gut eingelebt, kam mit allen prima zurecht und hatte alle Anwendungen und Kurse ein paar Mal durch. Doch, ich musste zugeben, ich hatte es gut getroffen. Ich konnte mich nicht beklagen.

Es wurde nun aber Zeit für den Friseur. Selbstverständlich war ich kurz vor der Hochzeit bei Ursula gewesen, und sie hatte mir eine frische Dauerwelle gemacht. Schließlich wollte ich an Stefans großem Tag nicht wie ein verlottertes Weibsbild rumrennen. Nein, manierlich frisiert wollte ich schon sein. Schon meine Mutter hat immer gesagt: «Mach Locken, sonst bleibste hocken.» Aber wissense, die Dauerwelle hält heutzutage doch nicht mehr so gut wie früher. Zu DDR-Zeiten war die irgendwie kräftiger. Da haben wir auch «Krause» gesagt und nicht Dauerwelle, und das hatte schon seinen Grund. Heute ist nach ein paar Wochen alles wieder raus, und die Haare hängen nur noch runter wie bei Gertruds Hund. Man hat Mühe, sie mit den Föhnwicklern und der Rundbürste einigermaßen hinzukriegen. Meine Friseurin Ursula sagt, das kommt, weil heute alles schonender ist und mit weniger Gift. Das stimmt schon. Aber wenn sie im Fernsehen mal wieder zeigen, wie die Mauer gefallen ist, dann achten Sie mal auf die Frauen. Die haben alle kräftig krauses Haar. Wir haben früher auch ganz kleine Holzwickel genommen, fast wie Hähnchenknochen. Das hat gehalten, sogar ohne Festiger. Haarfestiger hat es nicht immer gegeben, da musste man drauf zukommen. Wenn man eine Feier hatte, hat Ursula mir manchmal Bier auf die Haare gepinselt, damit es hält und schön glänzt.

Im Krankenhaus hatte ich nicht groß aufs Frisieren geachtet, das muss ich zugeben. Da war ich froh, dass ich halbwegs beieinander war, und habe meine Übungen gemacht, um da so schnell wie möglich rauszukommen. Jawoll, ich habe jeden Tag gekämmt, und Gertrud hat sie mir auch mit Trockenschampoo gewaschen, aber das war nur in der Not. Trockenschampoo ist so ein Pulver aus gemahlenem Reis, das schmiert man sich rein, rubbelt durch, und dann riecht es nach Veilchen. Aber es juckt, und man hat tagelang den Staub überall im Bett, nee. Gertrud und ich machen uns schon seit Jahrzehnten gegenseitig die Haare, wenn wir nicht zum Friseur gehen können. Sie schneidet auch ihren Enkel Thilo. Der Junge trägt Rundschnitt, ganz klassisch, seit er drei Jahre alt ist. Das war 1978, in diesem harten Winter. Wissense noch? Gertrud hatte sogar das Lockenwicklerset, das sie beim Rommeeabend gewonnen hatte, mit nach Wandlitz gebracht, und wollte mich eindrehen, aber mit ihrer Gicht in den Fingern wurde das nichts. Wir hätten auf Wetterumschwung warten müssen.

Hier im Reha-Heim kam dann auf Wunsch eine Friseuse und machte einen hübsch. Ich war skeptisch. Die hatte bestimmt keine Ahnung. Man kennt das doch, wenn sie ihr Handwerk beherrschen würde, hätte sie genug Kundschaft und müsste nicht umherfahren und bettlägerigen Omas die Locken machen. Nee, das merkte ich schon am Griff, dass die Dame nichts taugte. Das hat sich dann auch schnell rumgesprochen. Wir Damen haben es gar nicht erzählen müssen, jeder konnte es ja sehen. Und da hab ich ja dann über die Geschäftstüchtigkeit von Kurt gestaunt! So tranig, wie er oft tut, ist er gar nicht.

Ich glaube, er konnte das einfach nie richtig verknusen, dass sie ihn damals nicht genommen haben für die Fernsehserie über den Zoo. Da hat er sich nämlich beworben. Es ging um die Rolle eines Tierpflegers, der musste nur in jeder Folge durch das Bild laufen, mal eine Schubkarre mit Mist schieben, mal einen Esel führen und meist nur unauffällig vorbeigehen. Kurt war ganz aufgeregt und auch extra zum Friseur und außer der Reihe zur Fußpflege gegangen. Die Fußnägel hätte man zwar gar nicht gesehen, aber Ilse hat ihn gewähren lassen. Sie sagte, wenn er schon freiwillig geht, dann will sie ihn nicht bremsen. Sonst macht er nämlich immer ein Geschrei, wenn er zum Zehenbeschneiden soll. Kurzum, trotz Fußpflege und Friseur hat es nicht geklappt mit der Fernsehkarriere. Dabei hatte er sich so schick gemacht und trug seinen quer gestreiften Poloschirtpullover. Der kleidet ihn, Ilse macht ihn immer flott zurecht. Er weiß das auch ganz genau und flirtet gern mit den Damen. Aber nicht, wenn es Freibier gibt oder er einen alten Kollegen trifft, mit dem er fachsimpeln kann, warum die Bohnen so schlecht stehen dieses Jahr oder die Kartoffeln. Dann lässt das Interesse für die Damen nach. Er hat bei den Probeaufnahmen immer in die Kamera geguckt und gelächelt, aber den Esel konnte er nicht im Zaum halten. Der ist wohl wegen Kurts Birkenhaarwasser wild geworden und durchgegangen, so genau weiß man das nicht.

Jedenfalls besuchten er und Ilse mich zwei Mal die Woche, das wissense ja schon. Das hatten wir so besprochen, denn seien wir doch mal ehrlich – Männer langweilen sich bei Krankenhausbesuchen von ollen Weibern doch.

Ilse und ich haben immer was zu plauschen, ich musste ja auch auf dem Laufenden bleiben, was in Spandau und im Seniorenverein so los ist. Kurt saß dann in der Ecke. Aber seit dem Vorfall mit der mobilen Friseuse hat er Ilse nur noch abgesetzt und die älteren Damen – manchmal gleich zwei – ins Dorf reinchauffiert zum Friseur. Kurt liegt so was, er fährt gern Auto. Er wollte auch mal als Taxifahrer die Rente aufbessern, aber die haben sich da ziemlich kiebig gehabt wegen seiner Augen. Deshalb durfte er nicht. Aber die Damen aus dem Kurheim waren so froh, dem labbrigen Griff vom «Friseurmobil» zu entkommen, denen war Kurts Fahrstil egal. Obwohl: Frau Schweigert war schon sehr blass, als sie ausstieg, bekreuzigte sich und murmelte: «Nie wieder!» Beinahe hätte Kurt es gehört! Bestimmt hatte er wieder nicht gemacht, was der Nawwi gesagt hat, und ist eine Abkürzung gefahren. Darauf muss man bei ihm gefasst sein. Kurt fährt immer, wie er denkt. Wir wollten im März zum Zuckerdoktor nach Reinickendorf, das ist normal ein Weg von einer halben Stunde. Der Nawwi hat immer wieder gesagt, wir sollen wenden oder links, aber erst, als der polnische Zoll nur noch 20 km weg war, hat Kurt es eingesehen.

Ich weiß nicht genau, wie viel Geld er eingenommen hat mit den Taxifahrten, aber der Enkel bekam zum Geburtstag dann den Führerschein von Kurt und Ilse bezahlt. Es muss sich gelohnt haben, Ilse erzählte mir, dass Kurt am liebsten jeden Tag zu Besuch gekommen wäre. Aber so oft war es ja nun auch Quatsch, ich hatte schließlich meine Behandlungen und Kurse und konnte nicht jeden Nachmittag mit Ilse Sandkuchen stippen.

Kurt und Ilse waren auch für mich einkaufen. Ein paar Sachen fehlen einem ja doch. Sicher, ich wurde verpflegt, aber man will ja auch mal einen Hustenbonbon lutschen oder einen Keks essen, nicht wahr? Vom Korn ganz zu schweigen. Ich machte eine Einkaufsliste; das war das Einfachste. Wir fahren ja immer zusammen einkaufen, und Ilse weiß genau, welche Marken ich schätze, und jetzt, wo ich ausfiel, musste eben Kurt mit ihr in den Markt, nich? Wenigstens hatte er nun was zu tun!

Letzthin stand er uns beim Einkaufen im Pennie nämlich nur vor den Füßen rum. Wir sind extra Sonnabend nach 16 Uhr los, da reduzieren sie das Gemüse und manchmal auch das Fleisch um 30 %. Wussten Sie das? Das sind in DM fast 60 %, da kann man nicht meckern. Kurt war nur im Weg. Erst hat Ilse ihn zum Puderzucker geschickt, aber darauf hatte er keine Lust. Dann hat sie es noch mal versucht und sagte: «Kurt, ich glaube, bei den Strumpfhosen steht Iris Berben. Willst du nicht nach einem Autogramm fragen?» Er kam aber gleich zurück, es war nämlich nicht Iris Berben, sondern eine Aushilfe, die Ware ins Regal räumte. Kurt hatte sie gefragt. Ganz gnaddelig war er an dem Nachmittag, und deshalb schickte ihn Ilse Bananen holen. Das macht Kurt sehr gern. Beim Gemüse kontrolliert er dann auch gleich, ob die Petersilie gegossen ist, und manchmal macht er auch Blätter vom Blumenkohl ab für die Kaninchen. Die darf man nämlich umsonst mitnehmen.

Gläsers nehmen immer grüne Bananen, müssen Sie wissen, Ilse lässt sie in ihrer Speisekammer lieber selbst nachreifen. Grüne Bananen mit über 80, ich nenne das

Optimismus, aber bitte. Da kommt doch Kurt nach zehn Minuten mit fünf Salatgurken zurück!? Wissense, nee. Wir haben so gelacht. Ilse musste die Brille abnehmen.

Sie müssen das mal beim Einkaufen erleben mit Gläsers! Im Grunde genommen hat Ilse die Hosen an und regelt das auch mit dem Geld. Aber sie ist eben so erzogen, dass der Mann bezahlt. Deshalb steckt sie Kurt an der Kasse einen Schein zu, der in etwa passt. Man darf es ihm nicht zu lange vorher geben, sonst kauft er Zigarren davon oder sündhaft teuren braunen Schnaps. Kurt steckt den Schein unauffällig in seine Brieftasche, und Ilse lächelt, weil sie denkt, es merkt keiner. Wenn dann bezahlt werden muss, sucht Kurt im Portemonnaie nach dem Schein. Oft findet er ihn nicht mehr. Ilse muss dann helfen beim Hingeben, nimmt das Wechselgeld in Empfang und zählt es nach. Dann steckt sie es in Kurts Brieftasche. Wenn es mehr als fünf Euro waren, lässt sie es sich gleich hinter der Kasse am Packtisch wiedergeben. Was für ein Umstand, sage ich Ihnen, aber man darf Kurt wirklich kein Geld aushändigen, er macht bloß Blödsinn damit. Kauft Gift gegen die Ratten im Garten oder Zigarren oder Böller für Silvester. Wie ein großes Kind!

Wenn wir einkaufen sind, gucken wir auch immer, dass wir günstig tanken. Gläsers nehmen mich so oft mit, da gebe ich dann auch ab und an mal 20 Euro Benzingeld. Das muss man schon machen, da lasse ich mich nicht lumpen. Eine Renate Bergmann weiß, was sich gehört! Letzthin hat Kurt sogar einen Autoaufkleber an die Heckscheibe geklebt, damit wir den Koyota leichter wiederfinden und er nicht wieder mit dem Schlüssel in frem-

den Schlössern rumfuhrwerkt ... aber ich habe ihm versprechen müssen, das nicht aufzuschreiben.

Beim Tanken versucht Kurt immer, eine runde Summe zu schaffen, aber irgendwie klappt das nie. Ilse guckt nach den Preisen, und seit ich eine Äpps vom ADCA auf dem Scheibentelefon habe, gucke ich mit, wo es am billigsten ist. Kurt kriegt von Ilse einen 50-Euro-Schein, den muss er einteilen. Dann macht er die Pistole rein in den Koyota, und bei 48 Euro fängt er an, ganz vorsichtig zu sein. Wenn er pausiert, knackt es. 48,50 Euro ... 49,30 Euro ... 49,85 Euro ... dann wird Kurt immer vorsichtiger und macht nur noch tröpfchenweise. 49,95 Euro ... 49,98 Euro ... 49,99 Euro ... dann ruft Ilse meist schon: «Kurt, lass doch, der eine Cent!», aber Kurt will die Summe rund haben, und dann macht er nur noch einen einzigen Tropfen dazu, und dann kostet es 50,02 Euro. Ach, und dann findense mal auf die Schnelle Kleingeld!

Einmal kamen Kurt und Ilse mit Gretchen Bock zu mir nach Wandlitz raus. Mir war das gar nicht recht, aber Ilse hatte gesagt, es war nicht zu verhindern. Gretchen ist auch in unserem Seniorenverein, müssense wissen. Sie ist Mitte 70 und war früher bei der Sparkasse. Vom vielen Fingerlecken beim Geldzählen hat sie eine ganz dicke Unterlippe. Man denkt immer, sie würde beleidigt gucken, aber das ist so ihre Art. Sie kam als offizielle Vertreterin des Seniorenvereins und brachte Blumen mit, da musste ich ihr auch Kaffee anbieten. Aber nur aus dem Automaten, vom polnischen Geld. Sonst gebe ich mich nicht groß mit ihr ab. Sie pflegt ihre Zipperlein und ist neugierig wie ein altes Waschweib. Ihr Gejammer kann ich nicht ertragen. Mich zwickt es auch mal im Rücken, und manchmal düselt es ein bisschen – aber schauen Sie, ich bin für meine 82 noch recht rüstig, und ich glaube, auch im Kopf noch ganz gut beieinander. Wie komme ich dann dazu, mich zu beschweren? Dazu habe ich gar kein Recht. Gretchen geht nur aus dem Haus, wenn schönes Wetter ist. Bei Hitze hat sie es mit dem Kreislauf, und wenn es kalt ist, mit dem Rücken. Sie geht nur zwischen 20 und 23 Grad raus und auch nur, wenn es nicht regnet. Ach, und dann geht es immer nur um Krankheiten! Ilse gibt sich ja mit ihr ab, ich nicht. Ilse ist viel zu gutmütig und holt manchmal sogar den Karton mit ihren Tabletten raus, und dann vergleichen sie, wer mehr Pillen schlucken muss. Mit den Tabletten muss man aufpassen, wie schnell kommt da mal was durcheinander. Das ist aber auch ein Theater, immerzu ändert die Krankenkasse die Firma, die sie bezahlt, und dann muss man sich wieder von Grün auf Blau umgewöhnen. Und wenn man es selber alles richtig macht, dann kommt Frau Doktor durcheinander. Ilse und Kurt waren neulich nacheinander bei ihr zum Blutdruckmessen drin, und da ist es passiert: Frau Doktor Bürgel hat die Werte verwechselt und Ilse die Tabletten von Kurt verschrieben. Vierzehn Stunden am Stück hat sie geschlafen, VIERZEHN STUNDEN! Der arme Kurt hat gerüttelt an ihr und auch eine Gummiunterlage druntergeschoben, man weiß ja nie. Schließlich nimmt sie auch Wassertabletten ein. Es ist aber nichts passiert. Sie ist mittags um zwölf wach geworden und hat gesagt, sie hätte seit der Landverschickung damals im Krieg nicht mehr so gut geschlafen. Sie haben gleich Frau Doktor angerufen und nachgefragt und den Irrtum aufgeklärt. Seitdem nimmt wieder jeder die richtigen Tabletten und beide schlafen im gleichen Rhythmus. Ilse nimmt ja vor dem Essen vier Stück, da hat sie schon was im Magen, bevor es Essen gibt. «Mein Rentnerkonfekt», sagt sie immer. Sie schafft nur noch halbe Portionen. Viele Gaststätten haben Kinderteller, aber keine Seniorenteller, na, das ist auch immer eine Diskussion. Manche wollen ja keine Kinderteller für Senioren rausgeben. Aber dann zeige ich ganz kurz meine Karte für die Treueherzen von REWE und sage, dass ich Stadtrat bin und die Gewerbeaufsicht kenne. Na, dann sollense mal sehen, wie schnell die einen Kinderteller für die Oma bringen! Müssense mal probieren. Meist ist das Fleisch das gleiche, sie machen nur weniger Pommies drauf. Und es kostet nur die Hälfte. Na, wer hat denn was zu verschenken?

Ob das immer so gut ist mit den vielen Tabletten, also ich bin da skeptisch. Ich war jedenfalls froh, als Gretchen Bock wieder weg war. Man ist viel zu gutmütig und hört sich das Kranken-Gequassel an – ich wollte schließlich gesund werden! Wissense, der ging es gar nicht darum, mich zu besuchen. Die hat nicht ein einziges Mal gefragt, wie es mir geht und an was ich überhaupt operiert worden bin. Sie hat nur über ihre Befindlichkeiten gestöhnt. Und neugierig war sie, wie es im Reha-Heim aussieht! Sie ahnen es nicht. Sie hat einen Rundgang durch das ganze Haus gemacht und auch den Park inspiziert. Ich kenne sie, damit wollte sie nur auftrumpfen in ihrem Damenkränzchen. Wer da erzählen kann, dass er schon mal in Wandlitz war und die Klinik kennt, der steht im Mittelpunkt. Denken Se mal nicht, dass ich sie gefragt hätte nach ihren Rückengeschichten oder nach der Leber. Sie hat es trotzdem erzählt. Ihr Mann ist ja früh gestorben, der ... na? Wie hieß er denn bloß? ... ist ja auch egal. Ich muss auf dem Friedhof mal auf den Grabstein gucken. Der war Lehrer für Sport und Werken. Ach, der war widerlich, der hat immer anzügliche Bemerkungen gemacht, wenn eine Feier war. Na, der war bei mir richtig, könnense sich ja denken. Dem hab ich damals beim Karneval gesagt: «Jürgen» – sehense, jetzt fällt mir der Name wieder ein –, «Jürgen, fasst du mich da noch mal an, hau ich dir ein paar vor die Lichter!» Was meinen Sie, wie der geguckt hat. Sie stammt ja aus Dresden. Eine Zeisig. Nee, Zeisel. Oder Birkholz? Ich habe Ilse gesagt, dass sie die nie wieder mit herbringen soll, aber es wurde auch wärmer, und da ging sie sowieso nicht mehr aus dem Haus. Außerdem hatte sie alles angeguckt und konnte prahlen, was wollte sie noch mehr?

Ich machte drei Kreuze, als Kurt mit ihr von dannen brummte an dem Nachmittag. Denken Se sich nur, die Dame besaß die Frechheit, sich im Koyota auf MEIN Keilkissen zu setzen! Ich konnte es genau sehen beim Nachwinken.

Ich hatte jetzt nachmittags sogar schon Tanzübungen. Die hielten mich hier ganz schön auf Trab, sage ich Ihnen. Frau Heuchler tanzte an der Stange, und wir mussten nachturnen. Ich machte immer langsam lang hin, wie ich konnte, und damit fuhr ich gut. Es wurde von Tag zu Tag besser.

Aber das Essen! Nee, mir fehlen die Worte. Ich kann das gar nicht beschreiben. Zum Frühstück gab es jetzt immer Jockurt mit Körnern und manchmal sogar Trockenpflaumen. Ich hatte jetzt ja wieder mehr Bewegung und konnte besser verdauen. Und das, wo das Toilettenpapier so hart war! Mittags gab es oft Suppe, es war alles sehr gesund. Also, die Kartoffelsuppe, die die da servierten, die konnte ich nicht essen. Da waren Stücken drin, und die waren nicht mal weich gekocht. Ganz fest, die knirschten noch an der Prothese. Nee. Kartoffeln gehören weich gekocht und dann gestampft, schön Sellerie dran und Möhrchen. Und hier? Alles war gesund. Die Soßen waren auch nicht richtig angedickt. Man wurde gar nicht mehr richtig satt bei all dem Leistungssport, die Männer erst recht nicht. Manchmal knurrte Erwins Magen beim Mittagsschlaf so laut, dass ich es über den Flur hören konnte. Soßen konnten sie das nicht nennen, diese dünne Plürre, die nur so vom Teller lief. Da hatte ich den ganzen Schlamassel so manches Mal auf dem Rock. Und wie die Schwestern dann gucken, wenn man gelbe oder braune Flecken auf den Sachen hat, na, das muss ich hier wohl nicht sagen. Glaubt Ihnen als alter Mensch doch keiner, dass das Soße ist. Den einen Tag gab es mittags Krautwickel, das habe ich nicht gegessen. Ich hatte nämlich am Nachmittag wieder Schlammbehandlung, und ... ich musste daran denken, wie ich damals mit Gertrud in Bad Elster war zur Kur. Damals durfte man das noch Kur nennen. Wir haben säuerliches Wasser getrunken für die Galle und abends nett getanzt und hatten auch Krautwickel aus Weißkohl. Nun ja. Durch die Bewegung und das Heilwasser kam Gertruds Verdauung noch mehr in Schwung. Sie hatte richtig Disco im Darm, man muss das so deutlich sagen. Sie merkt und hört es ja nicht, aber als wir im Moorbad lagen, kamen immer wieder Blasen durch den zähen Schlamm hoch und ... Geschämt habe ich mich für sie, geschämt. Sie guckte ganz unschuldig, weil sie dachte, es merkt keiner. Mitnichten. Ich habe es ihr mal ganz deutlich gesagt, als wir Streit hatten. Damals hatte ich im Briefkasten der Berber nachgeguckt, ob sie schon Bescheid hat vom Jugendamt wegen des Vaterschaftstests – man muss ja schließlich wissen, mit wem man unter einem Dach wohnt, nich? Da sagte Gertrud doch: «Du bist eine richtige Miss Marple, Renate!» Ich war sehr böse, und da rutschte es mir raus. «Und du bist Nick Knatterton!» Aber dann haben wir uns beide nur kurz angeschaut und losgelacht. In unserem Alter soll man sich nicht zanken, sondern froh sein, dass man sich noch hat. Jeder Tag kann schließlich der letzte sein. Also bei uns, nicht bei Ihnen, Sie sind ja noch ein junges Ding! Nee, die Leute rennen auch immer gleich zum Doktor, wie eben das Gretchen Bock. Das macht einen erst richtig krank. Dann drückt es mal im Bauch, und schon gucken se im Interweb beim Wickipedi, und dann denken se, sie haben Darmverschlingung oder Gallenkulik. Dabei haben sie vielleicht nur Zwiebelfleisch gehabt zum Mittag oder Bohneneintopf. Nee, man darf es auch nicht übertreiben und muss mal ein paar Tage abwarten. Heut hat ja auch keiner mehr Kopfschmerzen, ist Ihnen das mal aufgefallen? Alle haben entweder gleich Hirntumor oder Migräne. Normale Kopfschmerzen, die man mit Spazierengehen wegkriegt, hat keiner mehr. Die wollen alle immer gleich in die Computerröhre und das Hirn geröntgt kriegen.

Die Berber war mit ihrem Bengel ja auch zu zig Ärzten. Der Lauser schlägt nach der Mutter, da ist ganz klar, dass es in der Schule schwirig ist. Erst war ADSH und jetzt Autismus. Der Berber ist es ganz egal, Hauptsache, es ist eine medizinische Erklärung, dass er nicht mitkommt in der Schule. Einen Betreuer hat er gekriegt! Bei ihm darf 4 + 4 ruhig 19 sein, der Bengel kriegt trotzdem ein «Gut», weil er sonst weint. Wissense, da bin ich froh, dass ich schon 82 bin und meine Schäflein im Trockenen habe. Wenn ich dran denke, dass solche Gören später mal Ihre Rente verdienen sollen, na, dann hab ich so meine Bedenken. Da empfehle ich Ihnen: Legen Se jeden Monat was aufs Sparbuch und vertrauen Se nicht auf die Jamie-Dieters. Es werden immer mehr! Ilse gibt auch ein paar Kindern Nachhilfe. Heutzutage brauchen die ja alle Nachhilfe, und trotzdem bleiben sie sitzen. Die Lehrer kümmern sich nicht, die gehen mit 52 in Rente und fliegen nach Toscana zum Malen. Zwischendrin haben sie Ferien, Weiterbildung oder Bandscheibe, und den Kindern fallen die Stunden aus. Hofaufsicht können sie auch nicht machen, weil sie wegen der Bandscheibe nicht stehen können oder Heuschnupfen haben und die Kastanie auf dem Schulhof nicht vertragen. Und dann hantieren die Kinder unbeaufsichtigt mit Springemessern herum, ach, hörense mir auf. Das gab es bei uns früher nicht. Wir haben Seilhopsen gespielt auf dem Schulhof und Verstecken. Die Jungs haben auch mal mit einer Steinschleuder auf Spatzen geschossen oder mit Kirschkernen den Mädchen hinten in die Kniekehlen, jawoll. Aber dann setzte es was hinter die Ohren, und sie kamen in den Karzer. Da muss die Hälfte von Ihnen jetzt bestimmt erst nachschlagen, was das ist, nich? Hihi.

Wir waren vier Klassen gegen einen Lehrer. Der alte Kanter Brachmann hatte uns trotzdem alle im Griff. Erst ging er reihum und verteilte Aufgaben, dann war Ruhe. Und es klappte, weil wir von zu Hause nämlich noch Anstand mitbekommen hatten und Respekt. Hätten wir Unfug gemacht, wäre Kanter Brachmann aber ganz schnell bei Mutter gewesen, und dann hätte es was gesetzt. Aber heute? Heute müssen die Lehrer ja aufpassen, dass die kleine Kiara-Kimberlie nicht so laut angeguckt wird, weil sie sonst traumatisiert. Und wenn sie in der zweiten Klasse noch keine Uhr lesen kann oder keine Schleife binden, dann ist das nicht schlimm. Aber wie soll es auch anders sein, wenn die Mutti eine rosa Haarsträhne hat und «Frauentausch» guckt? Ach, hörense mir doch auf. Solchen Kindern muss Ilse dann Nachhilfe geben, und es ist kein Zuckerschlecken. Aber das Amt bezahlt es, die Mutti von Kiara-Kimberlie ist froh, wenn das Kind ein paar Stunden aus dem Haus ist, und Ilse freut sich, dass sie ein paar Euro zur Rente dazuverdienen kann. Wir machen dem Mädelchen dann auch gern mal ein warmes Essen, wenn vom Mittag was übrig ist, und ich habe ihr auch schon gezeigt, wie man die Uhr liest, aber Kiara-Kimberlie sagt, das muss sie nicht wissen, sie hat ein Händi, und da steht alles ohne Zeiger drauf. Sie, na, dem kleinen Drachen werde ich es schon noch beibringen!

─────────────── Schwester Sabine hat eine **GUMMIUNTERLAGE** in mein Bett gelegt. Das ist so unverschämt. Ich werde in der letzten **NACHT** ein Glas **WASSER** auf mein Laken gießen. ───────

Jeden Freitag wurde der neue Plan für die nächste Woche unten in der Cafeteria ausgehängt. Kirsten hatte ihn diesmal schon früher vom Chefarzt gekriegt. Nachdem sie ihren Wagen regelmäßig auf seinem Parkplatz abstellte, wollte er sie nämlich kennenlernen. Er wollte aber von Wünschelruten und Rosenquarzgependel nichts wissen und schickte sie nach zehn Minuten lachend aus seinem Büro. Mit Plan! Da war ich sehr gespannt, es waren oft sehr nette Sachen dabei. Ein bisschen ärgerlich war ja, dass «Basteln in der Kreativwerkstatt» und «Gesellige Gesellschaftsspiele» gleichzeitig war. Ich hätte gern beides gemacht, musste mich aber entscheiden. Ich bin zum Würfeln gegangen, ich dachte, ohne Ilses Schummelei würde es mehr Spaß machen. Ilse versucht nämlich immer, mich zu beschubsen, deshalb spiele ich nicht mehr mit ihr. Aber die alten Leute sind ja alle gleich. Man hat immer einen dabei, der schummelt. Fürchterlich. Ich habe mich gleich gewundert, warum Frau Pringel eine Seifendose mitnimmt in den Gemeinschaftsraum. Ich dachte erst, das ist für ihre Zähne. Die nahm sie nämlich manchmal raus, wenn sie Kirschkuchen aß, zum Beispiel. Sie hat mal auf einen Kern gebissen und sich was abgebrochen, da war die Reparatur noch teurer als der Schaden, den Kurt mit dem Sandkuchen erlitt. Sie nahm die Zähne lieber raus und feuchtete den Kuchen gut durch. Das war nicht schön für uns andere am Tisch, aber es schonte ihren Geldbeutel. Aber dieses Seifendöschen war gar nicht für das Gebiss. Sie ahnen es nicht; darin hatte sie Männchenfiguren für «Mensch, ärgere dich nicht!» in allen Größen und Farben. Als es losging, nahm sie Rot, ich Grün und Frau Schupphuhn Blau aus dem Spiel vom Tisch. Erst war alles gut, aber als die Pringel zurücklag und es so aussah, als würde sie verlieren, fing sie auf einmal an, über die Tischdecke zu schimpfen. Angeblich würde die Falten werfen, und der Würfel könne so nicht richtig ausrollen. Frau Schupphuhn und ich haben das gar nicht verstanden. Sie hat dann so lange Theater gemacht, bis Schwester Sabine die Tischdecke runtergenommen hat und wir auf der blanken Tischplatte würfeln konnten. Könnense sich ja denken, wie der Würfel da rollt. Und wenn Frau Schupphuhn und ich dann den Würfel suchten auf dem Parkett, dann wühlte die Pringel in ihrem Seifendöschen und baute andere Männchen mit auf. Nee, man konnte nichts dazu sagen, da fehlten einem die Worte. Mir macht das ja nichts, aber wenn die mit Ilse gespielt hätte, die beiden hätten sich wohl die Augen ausgekratzt. Ilse setzt immer so, wie sie es braucht. Und wenn man sie erwischt, heißt es: «Huch, das habe ich gar nicht richtig gesehen, das sah mir von hier aus wie eine Drei.» «Mensch, ärgere dich nicht!» endet immer damit, dass einer wütend das Brett umschmeißt und beleidigt ist.

Ich hätte doch zum Kreativbasteln gehen sollen, aber

seit die da mit Heißklebepistolen rumlöten, ist mir das zu gefährlich. Erst mal der Strom, da ist ja überall Strom drin. Und dann kann man auch noch so vorsichtig sein, man bekleckert sich mit dem Zeug und verschmiert sich die guten Sachen. Wir haben vor ein paar Jahren mal sparen wollen und die Grabgestecke für Totensonntag selbst gemacht. Die nehmen ja auch jedes Jahr ein paar Euro mehr dafür, und wissense, bei meinen vier Gräbern kommt da einiges zusammen. Ilse hat auch drei Gräber zu versorgen, ihre Schwester und Kurts Eltern. Tannenzapfen findet man überall im Wald, und Kurt hat so viel Heckenschnitt, den kann man prima nehmen. Es muss aber auch ordentlich aussehen; man will sich nichts nachsagen lassen. Am Totensonntag gehen die alten Frauen bei uns immer über den Friedhof und machen Kranzvergleich, da will ich schließlich nicht ins Gerede kommen. Aber damals hat Kurt mit dem Heißkleber Gläsers guten Küchentisch so doll eingesaut, dass Ilse bis heute an der Stelle schrubbt; Kurt hat schon gehobelt und geschliffen, aber das geht einfach nicht weg. Nee, ich hatte Angst, mir den Kleiderrock mit dem Kleister zu versauen, deshalb bin ich zum Spielenachmittag. Aber das war ja nun auch ein Reinfall. In der Woche drauf bin ich dann doch zum Basteln, und es war sehr nett. Ich habe beim Drachenbauen mitgeholfen! Die Männer haben einen Drachen gebaut, und wir Frauen haben Papierfähnchen gefaltet für den Schwanz. Erwin hatte das Drachengestell zugesägt, die Latten gehobelt und verleimt. Die anderen Männer konnten da nicht mithalten, keiner war so geschickt wie Erwin. Es machte richtigen Spaß, ihm zuzuschauen. Ich

war beschwingt, sang bei der Arbeit und bekam richtige Lust zu tanzen. Es gibt ja dieses schöne Lied, noch aus der DDR, Kirsten hat das damals oft gehört. «Geh zu ihr und lass deinen Drachen steigen». Ich habe mich immer gewundert, warum erwachsene Männer vom Drachensteigen singen, aber vielleicht hatten die Bandscheibe und waren in einer Reha-Klinik mit Chor? Frau Prachelhauer traute ihren Ohren nicht, als sie zur Tür reinschaute und mich trällern hörte, und klatschte vor Freude in die Hände. Ach, der Nachmittag ging wie im Flug vorbei mit Erwin und ganz ohne Kleben und ohne Schummelei von der Pringel. Später ließen wir den Drachen im Park noch steigen, buchstäblich. Er flog hoch und schön, und unsere Papierfähnchen wehten bunt im Wind. Erwin klopfte mir anerkennend auf die Schulter.
So ein fesches Mannsbild!

In Spandau gehe ich jede Woche ins Strickcafé. Das Klappern der Stricknadeln ist Balsam in den Ohren und auf der Seele einer alten Dame. Mittwochnachmittag treffen wir uns immer. Kommen Sie mal dazu? Auch wenn die Finger nicht mehr so wollen, das ist immer schön, mit den anderen Frauen zusammenzusitzen und gemeinsam Handarbeiten zu machen. Dabei gibt es immer einen schönen Schnack und eine Tasse Tee. Da kriegt man was mit und hört auch mal ein Wort, was im Stadtteil so los ist. Was in der Zeitung steht, ist ja das eine. Wichtig ist, dass man mit den Menschen redet. Was einen wirklich angeht, das schreibt keine Zeitung. Wer den Schreibwarenladen übernimmt, wenn der olle Knaup in Rente geht zum Beispiel, oder wer in die große Vierraumwohnung in der Leipziger Straße einzieht, die so lange leer gewesen ist. Ach, und der Laden von Frau Gödinger ist so schön. Sie hat prima Wolle, immer preiswert und allerbeste Qualität. Sie versucht auch mehrere Standbeine und verkauft Kaffee aus Togo zum Mitnehmen und Lottoscheine, nur vom Verkauf von Wolle könnte sie nicht leben. So viel wird ja nicht mehr gestrickt, und wenn, dann holen se sich alle die Wolle vom ALDI, wenn sie da im Angebot ist, oder bestellen im Internetz, weil es ein paar Groschen billiger ist. Frau Gödinger ist gelernte Schneiderein und macht auch Änderungen, sie kürzt Röcke und macht einen Keil rein im Januar, wenn die Hose von den Plätzchen zu eng geworden ist.

Seit ein paar Monaten kommt auch immer eine junge Frau zum Stricken, die Ines. Sie hatte schon drei Kinder und war schwanger mit dem vierten, als sie das erste Mal kam. Der Größte ist zehn, der Mittlere kommt zur Schule, und die Dritte geht in den Kindergarten. Wissense, was die Kindersachen heute kosten? Und wenn man vier kleine Geister hat, kommt man mit dem Kaufen gar nicht nach. Die wachsen ja so schnell raus aus den Sachen und verbummeln die Handschuhe in der Schule und beim Spielen ... Ines lernt viel dazu, was Handarbeiten betrifft, und fragt uns Ältere nach Steppnaht und Abnäher und wie man Maschen aufnimmt und solche Dinge. Nach ein paar Wochen hat die Ines schon Mützen gestrickt für die Kinder, da konnte man nur staunen. Aber dann kam sie nicht mehr, weil der Entbindungstermin ran war. Sie setzte erst später wieder ein und brachte sogar den Kleinen mit! Der Junge heißt Wilhelm, genau wie Kirstens Vater, mein zweiter Mann. Ein ganz ein Freundlicher ist das, der lacht jeden an. Sie hat gefragt, ob es uns stört, wenn sie das Kind stillt beim Stricken, aber wir Frauen kennen das doch alle und sind da nicht verklemmt. Wenn sie den Wilhelm anlegt und Kundschaft reinkommt, gucken wir immer erst, ob ein Mann dabei ist, aber wann kommt schon mal ein Mann in einen Handarbeitsladen, nich? Und wenn doch mal, dann hat er kein Interesse an einer Frauenbrust. Wenn Sie verstehen, was ich meine. Der Junge wird von einem Arm auf den anderen gereicht. Ach, so ein freundliches Kind ist das! Nicht wie der Jamie-Dieter. Wenn der Wilhelm später mal zur Disco geht und ein Mädchen kennenlernt, dann muss er sie uns vorstellen, haben wir schon gescherzt. (Wobei es ja sein kann, dass er dafür auf den Friedhof muss, wenn wir mal ehrlich sind.) Wilhelm ist jetzt ein halbes Jahr alt, und Ines stillt noch voll. Sie muss langsam abstillen, denn sie muss bald wieder arbeiten. Ihr Mann bleibt dann zu Hause und macht den Rest vom Babyjahr, und der Mann kann ja nun mal nicht stillen, nich? Es hat sich ja viel geändert, aber das noch nicht. Sehense, da fällt mir ein: Ich muss Stefan und Ariane fragen, wie sie das mit dem Babyjahr machen wollen. Ob Stefan auch zu Hause bleibt?

Meine Gedanken drehten sich immer häufiger um zu Hause und um die Zukunft. Wie wohl alles werden würde? Ob ich mit der neuen Hüfte allein zurechtkäme? «Ach, Renate», dachte ich bei mir, wenn die Gedanken kamen, «die werden dich schon wieder hinkriegen.»

Sogar den Kneipp-Nachmittag machte ich ohne Murren mit. Man konnte alles angucken und ausprobieren: Massage, Wadengüsse und Wechselbäder. Sogar Wassertreten und Heusackanwendung. Ich habe fast alles ausprobiert, ach, das kribbelte so schön in den Beinen! Man gießt erst lauwarm und dann immer kälter, von der Wade hoch zum Herzen hin. Im Heu waren mir aber zu viele Brennnesseln und Disteln, das habe ich nicht angefasst. Im Garten zeigte uns Schwester Sabine Kräuterpflanzen, und wir haben einige gesammelt und Tee daraus gemacht. Andere haben Grünzeug kleingeschnitten und ins Essen geworfen. Die meisten dufteten sehr fein, aber aufs Schnitzel nehme ich doch lieber Pfeffer als Schafgarbe.

Wer wollte, konnte auch wokken. Aber davon war ich mit der Hüfte befreit. Dem Himmel sei Dank. Das hätte mir noch gefehlt, mit Skistöcken durch den Wald. Lächerlich. Aber die Bandscheiben mussten alle mit, das fand ich sehr gerecht. Ein Sportlehrer ging vorneweg und schrie die ganze Zeit im Takt, wie sie die Stöcke halten sollten. Währenddessen hatten wir Hüften dann Gymnastik im Turnsaal. Die Turnerei hat mich immer ganz schön geschafft, aber zum Glück gab es hinterher Massage. So durfte das natürlich wieder nicht heißen, sie nannten es «progressive Muskelentspannung». Man darf sich nicht aufregen, sondern muss es einfach so hinnehmen. Aber ich stelle mir vor, ich hätte zu meinem Walter gesagt: «Du, meine Schulter ist ganz verspannt, hol mal die Salbe und entspanne bitte meine Muskeln progressiv.» Der hätte mir einen Vogel gezeigt. Frau Schupphuhn entspannte so sehr, dass sie schnarchte und ihr nicht nur einmal ein Pups entfleuchte. Walter war wenigstens anständig und ging dafür zu seinen Karnickeln raus.

Nach dem Mittag machte ich immer ein kleines Schläfchen. Das bin ich auch von zu Hause so gewohnt, Frau Doktor rät dazu. Darauf wollte ich hier auch nicht verzichten. Vormittags hatte ich immer Anwendung und Sport und so was und am frühen Nachmittag noch mal. Da ließ sich das gut einrichten. Was soll man auch machen den ganzen Tag, nich wahr? Sicher, ich hatte Fernsehen auf dem Zimmer, aber des Tags läuft ja da doch nur Quatsch. Zu Hause bleibt die Kiste aus, solange es draußen hell ist. Nur zu «Rote Rosen» stelle ich den Apparat an. Deshalb kannte ich mich gar nicht aus und war ganz erschrocken, als ich mich vom Krankenbett aus durch die Programme schaltete. Ich musste ja Kopfhörer tragen, aus Rücksicht auf Frau Schupphuhn. Man zerdrückt sich die Frisur damit, aber was soll man machen? Das Fernsehen kostete zwei Euro extra pro Tag, aber Stefan hatte es alles für mich bezahlt, und da wollte ich es auch nicht verfallen lassen. Bezahlt ist bezahlt, da kann man es auch «abgucken», nich? Sie glauben ja nicht, was da für ein Blödsinn läuft am helllichten Tag! Geister, Außerirdische und Schießereien, wohin man knipst.

Jetzt musste ich glatt noch mal gucken, ob ich auch IE geschrieben habe und nicht EI, Sie sollen ja keinen schlechten Eindruck von mir kriegen.

Und überall zeigten sie junge, arbeitslose Mädelchen mit bunten Haaren. Meist rosa Strähnen vorn am Pony, Fingernägel aus Plaste und Leckings an. Sie glauben es nicht! Ich dachte immer, die zieht man nur zum Sport an, aber die rennen immer so rum. Dazu die Zigarette in der einen Hand und in der anderen ein oder zwei kleine Kinder. Meist ging es darum, dass sie nicht wussten, wer der Vater der Kinder war oder dass sie irgendwas nicht bezahlen konnten.

Stefan hatte für mich den Fernseher gleich beim Einzug gemietet. Meinetwegen hätte das nicht sein müssen, es kommt ja doch nur Quatsch. Und im Gemeinschaftsraum stand ein großer Apparat, wo man mit den anderen zusammen hätte gucken können. Da hat aber der Herr Knustert die Fernbedienung einfach an sich genommen und so getan, als gehöre ihm der Fernseher. Die anderen Patienten hatten gar nicht zu entscheiden. Er war ein ganz Gewiefter, er stellte sich immer taub, wenn ihn jemand bat, doch mal umzuschalten. Ich kenne den Trick, ich mache es ab und an ja genauso. Es lief den ganzen Tag Sport. Es war Fußballweltmeisterschaft, da hatten wir Frauen keine Chance, mal «Rote Rosen» oder Küchenschlacht zu sehen. Wenn Herr Knustert mal austreten musste, klickte er die Batterien aus der Fernbedienung und nahm sie mit. Nee, ein ganz Ausgebuffter war der Herr Knustert. Mir war es im Grunde egal, wenn wirklich mal was lief, konnte ich in meinem Zimmer gucken. Aber am Mittwoch, als «Aktenstapel XY» kam, da habe ich darauf bestanden, dass das alle im Gemeinschaftsraum zusammen ansehen. Das kam gar nicht in Frage, dass das nicht geguckt wird, ich finde, das ist Bürgerpflicht. Nachher kann man Hinweise geben. Nee, das muss man gucken, auch wenn es noch so gruselig ist. In letzter Zeit ist aber fast in jeder Folge ein Fall mit einer alten Dame, die in ihrer Wohnung ermordet wird. Das machen die doch mit Absicht, damit man Angst kriegt! Vor ein paar Jahren habe ich sogar mal jemanden erkannt: Sie haben Fahndungsfotos eingeblendet von Bankräubern, und einer von den Gaunern sah genauso aus wie Kurt. Es gab keinen Zweifel. Aber zum fraglichen Zeitpunkt war er nicht in Österreich gewesen und konnte die Sparkasse gar nicht überfallen haben. Er war hier in Berlin, ich habe extra im Kalender nachgeguckt. Er hatte mich an dem Tag mit im Auto gehabt, Ilse und ich hatten Fußpflege, da gehen wir immer zusammen. Deshalb habe ich von einer Meldung abgesehen. Außerdem musste er uns fahren, da käme das Gefängnis wirklich nicht gelegen.

Hier draußen vor der Stadt hat die Telepost keinen so hohen Sendemast aufgestellt, und deshalb waren alle Drosseln von vornherein langsam, sodass das Händiweb nur zäh lief.

Deshalb war ich froh, dass ich Fernsehen hatte, sonst hätte ich nicht mal die Lottozahlen rausgekriegt. Das wird ja immer verrückter, vor der Tagesschau machen sie eine extra Sendung für Aktienkurse, aber die Lottozahlen rattern sie ganz schnell runter am Ende. Wer hat schon Aktien?, frage ich Sie. Es spielen doch wohl viel mehr Leute Lotto als Börse! Und die Wettervorhersage stimmt auch nicht. Die Wetterfrösche im Fernsehen rätseln noch mit Biscaya und Azoren, da sagt Gertrud schon auf den Tag genau, wann der Schnee kommt. Auf ihren Rücken ist Verlass. Und wenn Gertruds Rücken wirklich mal schiefliegt, dann haben wir immer noch Kurts Narbe vom Russlandfeldzug. Wenn die juckt, dann kommt Ostwind und die Kälte. Leider können sowohl Kurt als auch Gertrud nur Wettervorhersage, nicht Lottovorhersage. Ich bin ja mal gespannt, ob von meiner Hüfte was zurückbleibt und ich dann mitreden kann.

Außerdem hätte ich ohne Fernseher auch den großen Schuh-Ausverkauf beim Teleschopping verpasst. Die mit den Leichtlaufbettsohlen, wo man wie auf Luft läuft, wissense. Ob nun wie auf Luft sei mal dahingestellt, aber die sind bequem und vorne schön breit, und man kann die Weite am Spann einstellen. Die Sendung ist immer die zweite Dienstagnacht im Monat. Ab um zwei Uhr morgens. Ich habe einen leichten Schlaf und bin morgens auch immer zeitig raus, ja, aber da musste ich mir dann doch einen Wecker stellen. Das geht auf dem Händi ganz prima und funktioniert auch, wenn das Onlein alle oder langsam ist. Man muss es nur wieder ausstellen, sonst schlägt es jede Nacht Alarm.

Wahrscheinlich zeigen die diese Sendungen um diese Zeit extra für alte Damen wie mich, die schlecht schlafen. Hihi. Auch, wenn ich jetzt hier in dem Reha-Heim war, das konnte ich mir nicht entgehen lassen. Seit ich den Hammerzeh habe, muss ich immer gucken, wie ich klarkomme. Da kriege ich nur ganz schwer etwas Passendes. Ich brauche Spannweite H. Aber im Televerkaufsfernsehen sind sie auf uns Alte gut eingestellt. Die haben Viskoseblusen, die sind schön weit geschnitten und gehen über den Po, dass man es auch immer schön warm hat an den Nieren. Ganz zauberhafte Muster, dezent und dennoch flott. Da kann man nicht meckern. Ilse hat sich auch schon eine Bratpfanne da gekauft, in der nichts anbackt, und ein Magnetarmband. Davon soll das Herz ruhiger schlagen. Das mag so sein, aber sie bleibt damit beim Aussteigen immer an der Autotür kleben, und dann ist so eine Aufregung, das macht die beruhigende Wirkung wieder wett.

Wissense, Quelle ist pleite, bei Karstadt weiß man nicht, was wird, und Adler, ach, da ist die nächste Filiale so weit weg. Wo sollen wir denn überhaupt noch einkaufen? Für junge Frauen gibt es überall was, aber immer nur Kindergrößen, wo dann der Bauch rausguckt und alles voll ist mit Pailletten und flimmert. Aber für uns Alte? Das ist schon praktisch mit dem Einkaufsfernsehen. Die Preise sind günstig, und die Qualität ist gut, und wenn wirklich mal was nicht passt, dann kann man es theoretisch sogar zurückschicken. Das sagen die zumindest, aber man macht das ja doch nicht. Mir ist das jedenfalls zu unangenehm. Lieber lasse ich die Bluse dann ändern von Frau Gödinger im Strickcafé. Oder Ilse nimmt sie, wenn sie mir wirklich mal nicht passen sollte. Man will denen ja keine Umstände machen, die haben ja genug zu tun, und bevor es nachher heißt: «Mensch, die Bergmann weiß nicht mal ihre Größe!» – nee, da finde ich schon einen Abnehmer. Die senden rund um die Uhr, so ein Aufwand! Freundlich sind sie immer, egal wann man anruft. Da haben die bestimmt keine Zeit, sich zu kümmern, wenn ich was zurückschicke. Nee, so weit kommt es wohl noch. Ich lasse mir doch da nichts nachsagen.

Nur einmal habe ich was zurücksenden müssen. Da war der Herr Glöökler auf Sendung und hat Kostüme angepriesen. Die sahen auch recht hübsch aus, und wenn der Mann sagt: «Damit sieht jede Frau wie eine Prinzessin aus», dann wird eben auch eine Renate Bergmann mal schwach. Ich habe das Kostüm gleich zweimal bestellt, einmal in Rosa und einmal in Schwarz, für Beerdigungen. Als es dann ankam, war ich entsetzt. Nee, also wirklich! Ich sah nicht aus wie eine Prinzessin, sondern wie ein Zirkuspferd. Ich habe den Fetzen ganz unten im Schrank versteckt. Erst wollte ich es bezahlen und nicht drüber sprechen und es heimlich im Morgengrauen in den Rot-Kreuz-Container werfen, aber es hatte ja viel Geld gekostet, und so groß ist meine Rente auch nicht, auch mit dem Aufschlag für die Witwenrente und die 26 Euro für Kirsten nicht. Ich habe es dann wieder ordentlich eingepackt, zum Blumenladen getragen und zurückgeschickt. Ja, guckense nicht, Post ging nicht. Die haben gelbe Autos. Das Schoppingfernsehen liefert mit den blauen Autos, und man muss zum Blumenladen. Fragen Se mich nicht, warum, es ist so.

Eine Woche habe ich mit klopfendem Herzen den Briefkasten aufgemacht, weil ich dachte, es gäbe Ärger. Aber nein! Sie haben mir anstandslos das Geld zurückgeschickt, per Scheck. Und der war auch gedeckt, es gab keine Probleme. Da konnte man nichts sagen. Trotzdem, das bleibt die Ausnahme. Was ich bestelle, behalte ich in der Regel auch.

Ja, beim Televerkaufsschopping kommt alles mit einem Fahrer mit blauem Auto, meist innerhalb von ein paar Tagen. Anfangs hat der Rüpel nicht bei mir geklingelt und einfach einen Zettel an den Briefkasten gehängt, weil ich angeblich nicht zu Hause gewesen bin. ICH. Als würde ich das Haus verlassen, wenn ich ein Päckchen erwarte! Na, dem hab ich aufgelauert am nächsten Tag und ihm was erzählt. Die Mütze falsch rum auf dem Kopf und ein loses Mundwerk, nee, ein Flegel vor dem Herrn ist das. Aber von da an hat er immer geklingelt. Neulich hat er sogar bei mir geschellt, weil er ein Päckchen für die Berber abgeben wollte. Die war mal wieder nicht zu Hause. Es war ein Pullover drin, in Größe 38. Ich bitte Sie, das passt der doch nicht mal, wenn sie den Bauch einzieht und die Luft anhält. Ich habe ihn dem Fahrer gleich wieder mitgegeben. Manchmal schellt er auch bei der Berber an, weil er zu faul ist, bis zu mir hochzukommen, und gibt meine Päckchen bei ihr ab. Aber das gewöhne ich ihm auch noch ab. Den kriege ich noch erzogen, da habe ich schon ganz andere Kaliber geschafft!

Ich hatte in der Nacht zum Mittwoch wirklich sehr hübsche Schuhe gesehen. Zweimal hat der Moderator gesagt, es käme noch ein Überraschungsangebot zu einem einmaligen Preis, wo man zugreifen muss, und um kurz vor drei war es endlich so weit. Wunderschöne Damenschuhe aus feinem Rindsleder, der Spann schön hoch, weich und in der Weite verstellbar. Sehr gediegen. Nicht so Stöckeldinger, wo man Angst hat, man fällt oben runter. Die sahen sehr bequem aus. Meine Größe war begrenzt, ich musste mich sehr beeilen. Die 38 ist immer ganz schnell weg, kein Wunder, es war auch ein zauberhaftes Modell. Ich habe es gleich in zwei Farben bestellt – taubenblau und beige. Das passt ja zu allem, da ist man immer gut angezogen.

Erwin war zu mir rübergekommen und schaute mit mir. Wissense, in unserem Alter schläft man weniger fest und auch nicht mehr so lange. Ich hatte ihn schon öfter gehört, wenn er austreten war. Seine Zeit war immer so gegen halb zwei. Danach war erst mal eine gute Stunde Ruhe mit dem Schnarchen, deshalb wusste ich, dass er da wach liegt. Und ich hatte seine Schuhe gesehen, als wir spazieren gewesen sind, und wusste, dass er auch neue nötig hatte. Seine Frau war zwei Jahre tot, und so sah sein Schuhwerk auch aus. Nicht geputzt und die Absätze ganz rund gelaufen. Wenn Männer allein leben ohne die weibliche Hand, dann verlottern die ganz schnell. Erwin hatte auch ganz rissige Füße und richtige Schrunden an den Hacken, aber ich hatte ihn schon zur Fußpflege geschickt. Neue Schuhe waren da nur der nächste Schritt. Wir fanden auch für ihn ein hübsches Modell in Dunkelgrau. Das harmonierte prima mit seiner Garderobe. Und – auch mit meinen neuen Schuhen. Hihi. Alles in allem war es eine schöne Nacht. Nichts macht eine Frau ja so froh wie ein neues Paar Schuhe und ein Mann, der gut zu ihr ist. Glauben Sie mir.

Die sagen im Fernsehen immer, man kann auch an die Wunschadresse schicken lassen, also habe ich mir die Adresse von der Reha-Klinik gewünscht. Na, das war den Schwestern dann auch wieder nicht recht. Sie haben mein Päckchen angenommen, jawoll, aber ein Theater haben se veranstaltet, Sie machen sich kein Bild. Danach gab es ein Rundschreiben, und die Hausordnung wurde geändert, und unter 7b wurde ein neuer Strich eingefügt, dass keine Päckchen in die Klinik geliefert werden dürften.

Mir sollte es egal sein, ich hatte meine Schuhe, und lange blieb ich ja nicht mehr. Vier Wochen waren rum, und bald würde ich wieder nach Hause kommen und konnte Schuhe bestellen, wann und so viel ich wollte.

Am nächsten Tag habe ich bis fast um drei geruht, die Nacht war wegen der Schuhsendung ja lang. Ich hatte meinen Mittagsschlaf also gerade beendet und schaute eine Sendung an, in der eine künstlich blonde Frau an einem Fliesentisch saß und Kaffee trank. Ein junger Mann kam und sollte ihr beim Entrümpeln helfen, sie wollten auf dem Flohmarkt noch ein paar Euro verdienen. Alles war schmutzig, und es lagen sogar Rattenköttel in der Wohnung. Nee, so was konnte ich nicht mit anschauen. Ich schaltete den Apparat aus und setzte die Kopfhörer ab, da hörte ich schwere Schritte auf dem Flur. Ich traute meinen Ohren nicht.

Noch bevor es an der Tür klopfte, hatte ich ein komisches Gefühl. Diese Stimme, die näher kam, kannte ich, sie ging mir durch Mark und Bein. Es war die Berber, meine Nachbarin. Mein Herz klopfte, glauben Sie mir! Die Dame grüßt sonst kaum und brüllt nur rum, und jetzt suchte sie mich bei der Reha-Kur heim?

Ich bekam so einen Schreck. Das Getrampel wurde immer lauter und kam immer näher. Sie ist eine sehr starke Person, die auch ein lautes Organ hat und … Du liebe Zeit! Da klopfte es an der Tür. Ohne mein «Herein» abzuwarten, riss sie die Tür auf und stand auf einmal mitten im Zimmer. Die Berber hatte die Meiser im Schlepptau, meine andere Nachbarin. Die hatte ich gar nicht gehört.

Normalerweise hört man sie immer heranklackern mit den Hackenschuhen, aber das Getrampel der Berber hatte alles übertönt.

«Frau Berber ... Frau Meiser ... das ist aber eine Überraschung!» Ich setzte mich im Bett auf, richtete mein Haar, so gut es ging, und schob meine Brille hoch. Man will schließlich manierlich aussehen, wenn man Besuch kriegt, nich?

Die Meiser hatte keine Strümpfe an in ihren Trittchen. Mit nackten Füßen in Lederschuhen, nee, ich hätte mich schon wieder aufregen können. Die Zehennägel hatte sie schwarz lackiert. SCHWARZ! Meine Mutter hätte eine Drahtbürste geholt und mich sauber geschrubbt.

«Bleiben Sie ruhig liegen, Frau Bergmann! Wir wollen nicht stören, wir wollen nur nach Ihnen sehen», flötete die Berber in mir völlig ungewohntem Ton.

Ich wusste nicht, was ich sagen soll, so gerührt war ich. Denken Sie sich, die beiden waren wirklich bis nach Wandlitz rausgekommen, um mich zu besuchen! Mit Blumenstrauß und Präsentkorb, und Kreide gefressen hatten sie auch. Das war wirklich nett. Die Meiser setzte sich auf meine Bettkante, und ich guckte erschrocken zur Berber. Wenn die das auch gemacht hätte ... Die Berber sagt von sich selber, sie hat eine «Genussgröße». Das klingt niedlich, macht es aber auch nicht besser. Fett bleibt Fett. Ich kann da nur den Kopf schütteln. Wenn mich einer fragt, sage ich immer: Esst mäßig und bewegt euch regelmäßig, dann quellen auch die Röllchen nicht so. Ich wusste gar nicht, was ich mit den beiden reden sollte, und schielte zum Präsentkorb rüber. Zum Glück nichts Selbstgemachtes. Die Meiser kocht nämlich ab und an sogar selbst, dann stinkt das ganze Treppenhaus. Sie nennt es «Schattnei», füllt es in kleine Gläschen und verschenkt es. Es ist furchtbar süß und brennt im Hals, ich habe beim Grillabend der Hausgemeinschaft mal gekostet. Aber im Präsentkorb waren gekaufte Sachen. Ein Päckchen Mokka sah ich, eine Dauerwurst und Pralinen. Pralinen! Wo ich zuckerkrank bin. Na ja. Ich wollte schon die Nase rümpfen, da fiel mein Blick auf ein kleines Fläschchen Korn, und das stimmte mich friedlich.

Wissense, eine Renate Bergmann ist nicht nachtragend. Wenn mir einer die Hand reicht, dann ist auch vergessen, was gewesen ist, und ich vertrage mich wieder. Wir müssen ja nicht die dicksten Freunde werden, aber für ein nettes Wort im Hausflur sollte es doch immer reichen. Lassense sie sein, wie sie sind – wir haben alle Fehler. Ich bin bestimmt auch ein bisschen altmodisch, und dass die jungen Leute andere Werte und Interessen haben, nun, das ist ja wohl normal und muss so sein. Aber wenn es drauf ankommt, halten wir eben doch zusammen. Kurz schämte ich mich ein bisschen dafür, dass ich sie neulich so böse verladen habe: Da habe ich am Freitagmorgen die Mülltonne vor die Tür gestellt, obwohl die Abfuhr gar nicht ran war. Sie ahnen nicht, wie die beiden gleich im Nachthemd die Treppe runtergeflitzt kamen und ihre Tonnen rausstellten! Nee, ich habe so gelacht. Es war ja schon nach sechs, da hat keiner mehr was zu suchen im Bett.

Die Berber zog einen Zettel aus ihrer Tasche. Es war mein Brief, in dem ich sie um die Einhaltung der Hausordnung gebeten hatte. Ein bisschen unangenehm war es mir jetzt doch, aber sie zeigte mir auf ihrem Händitelefon Bilder vom Hausflur. (Ihr Gerät hatte keine Tomate hinten drauf, es war ein bisschen größer, aber das Bild war auch gut.) Mir kullerte ein Tränchen über die Wange vor Freude. Der Hausflur war wie geleckt, ich konnte es kaum glauben. Dass sie sich meine Worte so zu Herzen genommen hatten! Wir hatten noch einen sehr netten Nachmittag und plauderten bei Kaffee und Kuchen im Gemeinschaftsraum. Die Berber hatte selbstgebackene Obstschnitten mit. Sie hat zwar fast alles selbst gegessen, und ich bekam nur einen schmalen Streifen ab, aber der war wirklich gut.

Am Donnerstag lagen im Gemeinschaftsraum immer neue Zeitungen. Viele waren es ja nicht, nicht wie bei Frau Doktor Bürgel. Die kauft sie aber nicht selbst, sondern kriegt jede Woche neue Hefte von einem Sörwiss. Die Zeitungen sind immer in einen diskreten Umschlag gebunden, und lange dachte ich, es wären Schmuddelhefte, für die man sich schämen musste. Aber das ist wegen dem Sörwiss und damit nichts drankommt. Hier im Reha-Heim hatten sie nur Gratishefte von den Krankenkassen oder das Gemeindeblatt. Nur ganz wenige Kreuzworträtsel und fast gar nichts von Herzogin Kät oder der Ältesten von unserer Sylvia in Schweden. Victoria. Nur Ratgeber, dass man gesund essen soll und was man bei Venenentzündung macht und so ein Quatsch. Donnerstags gab es immer die Zeitungen, die die Patienten dagelassen hatten, wenn sie am Mittwoch entlassen worden waren. Die waren immer sehr begehrt. Jawoll, ich habe mir am Kiosk auch ab und an mal ein «Goldenes Echoblatt der Frau im Bilde» geholt, aber das habe ich nur auf dem Zimmer gelesen. Ich habe auch meinen Namen auf die Rückseite geschrieben, damit klar ist, wem es gehört. Die alten Weiber im Gemeinschaftsraum hätten sie mir sonst noch streitig gemacht. Die waren wie wild auf Kreuzworträtsel. Früher habe ich so was auch nicht gemacht, aber seit Ilse die schöne Reise nach München gewonnen hat, rätsele ich auch mit. Jede Woche. Die eine Briefmarke ist nun auch noch drin, auch wenn die Rente schmal ist, nich? Man will ja seine Chance nicht verpassen.

Es ist nie ein Glück, wenn man einen Unfall hat, aber wenn dann im Reha-Heim ständig Fußball im Fernsehen ist, ist es besonders ärgerlich. Man kommt da nämlich nicht drum rum mitzugucken. Zu Hause könnte man sich zurückziehen, aber hier ... Ich gucke das eigentlich nicht, aber was sollte man machen? Die waren so laut im Gemeinschaftsraum und jubelten und schrien, das hörte man bis rauf auf die Zimmer. Da konnte man sowieso nicht schlafen. Also haben alle zusammen geschaut, und da schließt sich eine Renate Bergmann auch nicht aus, man will ja nicht als Einzelgänger dastehen, nich? Oder doch noch einen Eintrag in die Akte kriegen.

Das wurde dann auch aufregender, als ich dachte, und zum Schluss bekam der Herr Lahm wieder eine Vase. Dieses Mal war sie nicht so groß wie beim Chäppjenslieg, aber immerhin. Sie hatten wieder weiße Hosen an, da habe ich schon mal geschrieben an den Hoeneß, dass sie da aufpassen sollen wegen der Grasflecken, aber vielleicht darf er auch keine Briefe lesen im Gefängnis, man weiß es nicht. Wir wurden Weltmeister, und nur das zählte. Das wurde tüchtig gefeiert. Schwester Sabine hatte sogar Fähnchen mitgebracht und jedem eins an den Rollator geheftet, und so machten wir eine Parade durch den Park. Es war sehr schön.

Ich verstehe nur eins nicht: Der alte Trainer hat damals gesagt, so ein Spiel dauert 90 Minuten. Das sind anderthalb Stunden, in der Mitte ist ein kurzes Päuschen, weil die Jungens sich mal ein bisschen verpusten müssen und das Fernsehen Werbung machen will. Das ist ja auch in Ordnung so. Nun kann man doch sagen, das Spiel fängt wegen meiner um acht an, wir zeigen vorher noch Traumschiff, damit die Frauen einen Ausgleich haben, und ab fünf vor acht zeigen wir Fußball. Aber nee. Die fangen nachmittags um fünf schon an und zeigen, wie der Rasen gemäht wird, wie die Spieler in einen Bus steigen und ach, was weiß ich noch alles. Sie schalten live in die Kantine und fragen die Köchin, ob der Herr Neuer auch seine Nudeln aufgegessen hat, ich bitte Sie. Da kann man doch lieber Traumschiff zeigen oder Rosalinde Pullscher.

Und wer dann alles gefragt werden muss! Alles olle Fußballer, die nichts Richtiges gelernt haben und nun im Fernsehen ein paar Mark dazuverdienen, indem sie sagen: «Ja gut, wir müssen über die Flügel kommen» oder «Es muss alles mehr und schneller, wir müssen hinten dichter stehen». Da frage ich nach dem Sinn. Aber die gibt es nicht nur beim Fußball, die sind überall. Manche haben auch was dazugelernt und machen jetzt was Sinnvolles. Der Eislauf-Rudi zum Beispiel, der Herr Cerne. Der macht jetzt Aktenstapel XY und fängt Verbrecher, das ist sehr löblich. Und der macht das auch ganz prima, sehr seriös und doch so, dass man meist gar keine Angst beim Zuschauen hat. Aber sonst? Guckense sich mal um beim Sport. Überall stehen die Alten von früher, die vor 20 Jahren mal eine Medaille gewonnen haben, weil sie 2 Hundertstel schneller waren, und lesen vor, was sowieso auf der Uhr auf dem Bildschirm steht. Dazu lächeln sie und erzählen, dass sie jetzt eine Schmuckkollektion gemacht haben, und wir sollen das kaufen. Ob das bei Biathlon ist oder bei Schwimmen oder bei Eiskunstlauf. Alle haben se nichts gelernt und müssen nun vom Fernsehen durchgefüttert werden. Und wovon? Davon, dass sie einer armen Rentnerin jedes Quartal GEZ abbuchen und nicht wenig. Und trotzdem zeigen sie nur ganz selten Roy Black oder Marika Rökk, nur ganz selten! Aber dafür ständig Fußball, von allen Sendern. Die müssen die Sendung wohl schon um fünf des Nachmittags anfangen, damit jeder von den ollen Rochen noch kurz was stammeln kann und seine paar tausend Euro einstreichen. Und das nur, damit deren Kinder was aufs Brot haben und die Geschiedenen ihren Unterhalt bekommen, und das alles von meiner GEZ. Nee, da schwillt mir gleich die Halsschlagader. Eine Renate Bergmann ist ein friedlicher Mensch, aber das kann ich nicht haben! Sie, ich habe früher auch bei der Bahn Karten geknipst. Stell ich mich deshalb ins Fernsehen und erzähle den Leuten, wie schön das war? Es ist doch alles verrückt.

Oder dieses Olympia. Sie ahnen es ja nicht, was die Sparkasse mir an Gebühren abknapst. Einer armen alten Rentnerin; die langen tüchtig zu, sage ich Ihnen. Jede Überweisung kostet extra. «Ja, Frau Bergmann, Sie können natürlich die Kontoführung onlein machen», hat die Würselen-Doppelname mit dem roten Kostüm schnippisch zu mir gesagt. Damit der Ami dann weiß, was ich für Rente kriege? Nee, nicht mit mir! Wo die doch alles ausspähen, man hört das doch jeden Tag im Radio. Sogar das Händi von der Frau Merkel, und die hat nicht mal eins mit Tomate hintendrauf. Nicht, dass ich es nicht probiert habe mit Onleinbank. Ein Herr hat mir eine silberne CD mitgegeben, die machte aber keine Musik. Ich sollte sie in den Computer ... ich habe das Stefan machen lassen. Da ist an der Seite so ein Schlitz, ich wusste das bisher gar nicht, und Stefan hat auch gleich gesagt, dass ich da nie im Leben selbst drangehen darf. Der Gute. Ich höre jetzt die Helene-Fischer-Kassetten immer am Computer. So schön.

Nee, wo war ich? Ach, das mit der Sparkasse. Ich habe da angerufen und wollte mich beraten lassen wegen der Überweisung. Das ging den ganzen Vormittag. Der junge Mann von der Sparkasse hatte keine guten Nerven, und nach gut zwei Stunden hörte ich schon durchs Telefon, wie er mit den Augen rollte. Irgendwann schrie er mich auch an, und dann wurden wir unterbrochen. Später ging er nicht mehr dran, ich konnte es klingeln lassen, so lange ich wollte. Von mir als Rentnerin nehmen sie die Gebühren, und was machen sie damit? Bezahlen das Fernsehen, dass vor dem Skilaufen oder dem Rodeln gesagt wird: «Olympische Momente präsentiert Ihnen die Sparkassen-Finanzgruppe.» Die sollen meine Geldgeschäfte ordentlich machen und aufpassen, dass der Ami und der Engländer mich nicht ausspähen, aber das mit dem Olympia sollen die machen lassen, wer sich damit auskennt! Ja, deshalb kann ich mit Fußball nicht so viel anfangen. Ich muss einen Korn trinken zur Beruhigung.

Einmal im Monat gab es Tanz in der Cafeteria. Patientenball. Ich bin nun wirklich ein geselliger Mensch, aber darauf hatte ich keine Lust. Wissense, die Bandscheiben konnten nicht tanzen, wir Hüften auch nicht, nur die Zuckerkranken wackelten lustlos hin und her. Aber man musste sich ja sehen lassen, die hatten sich schließlich Mühe gegeben und extra einen Mann bestellt, der Musik macht. Die war noch lauter als der Fußball im Fernsehen, immer wumm, wumm, wumm, bis man Kopfschmerzen hat. Also bin ich hin. Die Bandscheiben saßen vorm Eingang und rauchten, wie immer. Wir Hüften machten uns langsam auf den Weg von den Zimmern runter in den großen Saal mit unseren Gehwägelchen. Wenn man auf dem Flur unterwegs ist mit dem Rollator, ist das wie im Straßenverkehr: Immer rechts vor links, da muss man aufpassen, sonst rumst es. Ich bin früher selbst Auto gefahren, ich kenne mich aus. Viele andere Frauen in meiner Generation nicht, früher sind ja oft nur die Männer gefahren. Wenn abends das Essen auf dem Tisch stand, na, da hätten Sie mal sehen sollen, wie die gerannt sind. Ohne nach links oder rechts zu gucken, einfach wild drauflos, die Hüften genauso wie die Bandscheiben. Das war wie im Supermarkt, wenn eine zweite Kasse aufmacht. Die Frau Schnabel ist der ollen Schupphuhn einmal seitlich so an den Oberschenkel gebumst, dass sie fast umgefallen ist. Zum Glück ist sie nicht hingeditscht, sonst wäre das neue Knie bestimmt gleich wieder hinüber gewesen. Und dann überall Parkettfußboden in dem Aufenthaltsraum, ich bitte Sie. Parkett ist schön zum Tanzen, aber doch nicht, wenn da alte Leute umherlaufen. Das war so rutschig! Ich bin immer ganz vorsichtig geschlurft, wie in Sanssouci. In Hausschuhen fühlte ich mich so unsicher, nee, da war mir egal, was man von mir dachte und wie es aussah, da habe ich auch im Haus die Straßenschuhe mit der rutschfesten Sohle getragen. Das Geschlitter mit dem Hüftschaden, nee, darauf hatte ich keine Lust. Frau Schupphuhn hat sich sogar ihre Rutschstopper von zu Hause mitbringen lassen, so Gummidinger, die man über die Schuhe zieht. Damit hat man auf Glatteis etwas mehr Halt. Das ist für die Sicherheit. Wir haben uns dann untergehakt und zusammen ganz kleine Schritte gemacht, und so ging es gut.

Es dauerte eine ganze Zeit, bis der Raum sich füllte. Alle saßen an den Tischen und nippten an ihrem Glas Sprudel. Schwester Sabine und die anderen Pfleger schenkten ständig ein. Ich hatte schon so einen Druck auf der Blase, nee, Sie ahnen es nicht! Es gab aber auch kein Entrinnen, hatte man das Glas leer, gossen sie nach, war es noch voll, animierten sie einen zum Trinken. Irgendwann haben die mal auf einer Weiterbildung gelernt, dass alte Leute viel trinken sollen, und da Wasser billig ist, mussten wir nun schlucken. Ich bin 82 Jahre und muss nicht ständig mit

Wasser begossen werden; meine Güte. Eine Zeitlang habe ich die Selters in die Blumentöpfe gekippt, aber selbst die standen irgendwann im Sumpf. Deshalb dachte ich mir, Angriff ist die beste Verteidigung, und habe den Schwestern mit meinem halb vollen Glas lächelnd zugeprostet. Das hat geklappt, die haben mich ab diesem Moment in Ruhe gelassen mit ihren frischen Aufgüssen. Frau Klopfer hatte weniger Glück. Sie hat sich verschluckt, als sie beim Essen erzählt hat. Aber statt sie abhusten zu lassen und ihr auf den Rücken zu klopfen, goss Schwester Sabine immer weiter Sprudelwasser in sie rein. Nee, ich sage Ihnen, da sind sie nicht sehr feinfühlig mit alten Leuten. Die machen, was auf dem Plan steht, ohne Rücksicht auf die Konsequenzen. Geweint hat Frau Klopfer und sich so geschämt, weil sie das Wasser nicht halten konnte nach dem ständigen Trinken. Es tropfte immerzu was nach. Sie hat sich von ihrer Tochter dann Einlagen mitbringen lassen. Das geht doch auch ins Geld! Nee, an uns Alte denkt da keiner. Genau so, wie unbedingt ein «Brasilianischer Abend» stattfinden musste, weil es auf dem Plan stand. Als ich das gelesen habe, habe ich Schwester Sabine gleich gewarnt. Wenn man alten Leuten scharfes Essen gibt, noch dazu abends ... aber sie hat nur mit den Schultern gezuckt und gesagt: «Ich kann es nicht ändern, aber danke für den Hinweis. Ich bestelle gleich Penatencreme nach.»

Die Musik war erst gar nicht mein Geschmack. Hottentottengedudel, aber wenigstens nicht mehr so laut. Man konnte sich halbwegs unterhalten. An unserem Tisch saß auch die Frau Wackmann, die hat Hörgeräte für 3000 Euro, ist aber trotzdem taub wie ein Türknauf. Es wollte keiner tanzen, und so schleppte sich der Abend. Ich bin dann zu dem Herrn Jens von der Musikanlage gegangen und habe mit ihm gesprochen. Anfangs hat er meine Wünsche sehr gern erfüllt, aber von Ilse Werner und Marika Rökk hatte er keine Lieder da. Und als ich mir das sechste Lied von Helene Fischer gewünscht habe, meinte er, öfter als ein Mal pro halbe Stunde könne er das nicht spielen, andere Patienten wollten auch mal was wünschen. Ich fand das eine Unverschämtheit, schließlich habe ich GEZ bezahlt und Steuern auch! Aber er ließ sich nicht erweichen und meinte, das hätte nichts miteinander zu tun. Von da an habe ich eben auch nicht mehr getanzt. Na ja, getanzt. Wissense, mit der neuen Hüfte ging das nur mit dem Rollator, und damit bin ich Frau Heckenschrat an ihr Knie gestoßen, da gab es gleich Geschrei. Frau Schupphuhn kam ohne Rollator zurecht beim Tanzen und stampfte ein bisschen umher auf dem Parkett. Erwin Beusel hat mich auch nur einmal zum Tanz geholt, und ich muss sagen, es war eine Enttäuschung. Er war ein wirklich stattliches Mannsbild, aber er hatte ein Rhythmusgefühl wie eine Wäscheschleuder. Kennen Sie noch die alten Wäscheschleudern, die immer durch die Waschküche hopsten, wenn man nur einen Socken zu viel auf einer Seite hängen hatte? Schon kam das Ding aus der Balance und hüpfte los. So in etwa tanzte Erwin. Wie ein Bauer, der Feuer austritt. Erwin führte nicht, er schüttelte mich durch und zerrte an mir rum, nee, das war mir nach der ersten Strophe schon genug. Ich habe sogar ganz sachte versucht, selber zu führen. Immer «Rückschritt, Seitschritt, Wie-ge-schritt», aber es hatte keinen Sinn. Er tanzte wie ein Hauklotz. Ich habe höflich gelächelt und mich zum Platz zurückführen lassen. Erwin verlor danach das Interesse an mir und hat nur noch mit der alten Schnabel rumgegockelt. Er hat zu «Atemlos» mit ihr getanzt, und bei «... Lust pulsiert auf meiner Haut» hat sie mitgesungen und über seine Schulter gestreichelt. So ein schamloses Weibsbild. Ich habe mir meinen Teil gedacht. Eine Renate Bergmann weiß, wann sie sich zurückziehen muss. Das ist ja rufschädigend, mit so einem Hallodri von Kerl in Verbindung gebracht zu werden. Für mich hatte sich das mit den Extraschnitten ab dem Moment erledigt, sollte er ruhig darben oder zusehen, wie er satt wurde. Männer! Nee, ich sage Ihnen. Kennense einen, kennense alle. Man darf sie nicht aus den Augen lassen, sonst machen sie nur Dämlichkeiten, das wissen wir ja. Aber dass so einer wie Erwin in meiner Gegenwart mit einem anderen Frauenzimmer rumpoussiert, das hatte ich so auch noch nicht erlebt. Es war kein schöner Abend. Frau Wackmann hörte nichts, mit der konnte man sich nicht unterhalten. Schwester Sabine goss ständig Wasser nach, der Diedschee hatte kein Lied von Ilse Werner, Erwin Beusel gockelte mit fremden Weibsbildern rum, und mit dem Rollator konnte ich nicht ordentlich tanzen. Nicht mal Polonaise wollte einer mitmachen, und wenn gefeiert wird, machen wir IMMER Polonaise! Wenn wir im Seniorenheim feiern und die Polonaise steht an, dann versteckt sich Heidrun Bechert immer auf der Toilette. Sonst greift ihr jeder über die Schulter beim Tanz, weil es im Text doch heißt «... fasst der Heidi an die Schulter». Und manche Männer greifen noch ganz woanders hin! Das kann sie nicht leiden. Gut, das muss man so hinnehmen, mir wäre das auch nichts. Aber ich heiße zum Glück Renate, nicht Heidrun. Polonaise gehört einfach dazu, sonst ist es keine richtige Feier. Wir hatten schon Diedschees, die hatten keine «Polonaise Blankenese». Das ist uns aber egal. Wir machen das zu jedem Lied, zur Not auch zu «Du bist die Rose vom Wörthersee». Hier beim Patientenball wollte keiner. Ich bin gegen neun hoch auf mein Zimmer gegangen und habe beim Twitter gelesen, das war viel schöner.

Ich hatte ein bisschen Sorge, ob auf den Friedhöfen alles glattlief. In Karlshorst bei Wilhelm goss Frau Bewert mit, auf die Gießgemeinschaft konnte ich mich verlassen. Bei Walter in Spandau und Franz in Staaken guckte Ilse nach dem Rechten, und auf die konnte ich auch zählen. Sie hatte versprochen, Walter immer einen Extraschluck auf die Eisbegonien zu gießen. Er hatte schon zu Lebzeiten ganz trockene Haut, und das bisschen Wasser war das Letzte, mit dem ich ihn nun noch verwöhnen konnte. Nur um Otto in Moabit machte ich mir Sorgen, die Begonien verbrennen in der Sonne immer so schnell. Aber Hilde Büchert hatte mir versichert, sie würde gießen und harken. Mehr kann man nicht verlangen. Moabit ist keine schöne Gegend, um begraben zu sein, sage ich Ihnen. Die Gräber in der prallen Sonne, kein bisschen Schatten weit und breit. Und überall freche Rüpel. Letzthin saß ich nur kurz mit der Kanne auf der Bank, um ein bisschen zu verpusten, da kommt so ein Flegel und sagt: «Na, Oma, fährst du noch nach Hause, oder lohnt sich das nicht mehr?» Der soll froh sein, dass ich die Harke schon weggeräumt hatte, sonst hätte ich ihm eins übergezogen. Diese Rocker! In Moabit ist mir auch das einzige Mal in all den Jahren der Grabpflege die Harke gestohlen worden. Denken Se sich nur, gestohlen auf dem Friedhof! Die Hände sollen denen abfallen, die auf dem Friedhof klauen. Ich bin zur Polizei, aber was die mit einer alten Frau machen, die wegen einer Friedhofsharke kommt, das muss ich ja wohl nicht aufschreiben, nich? Gar nichts machen die. Ich habe bald den ganzen Vormittag da gesessen und mich bis zum obersten Dienststellenvorgesetzten durchgekämpft. Sicher, er hat etwas ausgefüllt mit einer Schreibmaschine, aber passiert ist nichts. Ich hätte an den Herrn Cerne von «Aktendeckel XY» schreiben sollen, immerhin zahle ich dafür GEZ!

Es waren nur noch ein paar Tage, bis ich wieder nach Hause durfte, aber dann kam der schlimme Sturm. Liebe Güte, war das eine Aufregung. Und dabei war nicht mal Gewitter! Wenn Gewitter gewesen wäre, ja, da kenne ich mich aus. Das ist sehr schlimm, und ich habe große Angst, aber wenigstens weiß ich Bescheid und weiß, was zu tun ist: Man muss sich anziehen, seine Papiere zusammensuchen und eine Kerze bereithalten.

Aber bei Sturm?

Ich hatte die ganze Nacht schon sehr unruhig geschlafen. Wissense, allein schon die fremde Umgebung – es ist eben doch nicht zu Hause, auch wenn sich alle noch so viel Mühe geben. Dann fehlte mir auch meine Heizdecke. Die war nicht erlaubt im Kurheim. Nicht, dass ich es nicht versucht hätte, aber da war Schwester Elke ganz hart, und mit Schwester Sabine war sowieso nicht zu reden. Seit dem Vorfall beim Bällewerfen hatte ich keine guten Karten bei ihr. Ich wollte es auch nicht übertreiben, schließlich hatte ich schon eigene Bettwäsche, Nachtwäsche und Handtücher durchgesetzt. Man muss auch mal gut sein lassen. Ich half mir mit meiner Wärmflasche. Das Wasser war aber nur handwarm (ich habe den Wasserhahn ganz lange ablaufen lassen, aber nichts!), und den Tauchsieder durfte ich auch nicht nehmen, ach, hörense mir auf. Trotzdem konnte ich nie so richtig fest schlafen. Da half auch kein Korn vor dem Zubettgehen.

In dieser Nacht – es ging auf einen Mittwoch, ich weiß es genau, ich hatte Mittwoch nämlich immer Schlammbaden – brachte ich kein Auge zu. Der Wind peitschte und pfiff, ach, man bekam regelrecht Angst. Wir hatten hohe Bäume vor dem Fenster, und sie bogen sich im Wind. Dabei knarzte das alte Holz; ein alter Baum ist da ja wie ein alter Mensch, wenn der sich bewegt, knackt es auch im Kreuz. Ach, es war kaum zum Aushalten, ich lag hellwach. Als um fünf die Schwester zum Fiebermessen kam und mit der Thrombosespritze, war ich schon frisiert und hatte die Zähne drin.

Schon bald nach dem Frühstück ging es richtig los. Schwester Sabine kam und sagte, dass aus Sicherheitsgründen die Anwendungen in Haus 4 abgesagt worden waren. Dadurch kam jetzt alles durcheinander, alle Patienten wollten ja umbuchen und andere Dinge unternehmen. Schwester Sabine musste alles in einen Excel klopfen auf ihrem Computer. Das ist wie Briefschreiben, nur mit Kästchen. Schwester Sabine konnte das aber nicht so gut, und ich sah gar nicht ein, dass ich Stefan deswegen anrufe. Da war ein Tumult! Ich hatte keine Ruhe und wollte nicht auf dem Zimmer sitzen. Das lag im ersten Stock, und bevor man nachher aus dem Fenster in ein Sprungtuch evakuiert wird oder mit der Feuerleiter ... nee, allein schon der Gedanke! Ich bin nicht schwindelfrei, und außerdem hätten die Feuerwehrmänner mir unter den Rock gucken können beim Sprung. Ich zog zur Sicherheit meine Jockeyhose an, in so einer Situation ging Anstand vor Feinsein. Ich hatte alle wichtigen Dokumente beisammen in meiner Handtasche und verbrachte den Tag im Gemeinschaftsraum. Einen Luftschutzkeller hatten die nicht, ich war gucken. Aber die Küchenhilfe hat mich gleich wieder mit dem Fahrstuhl hochgefahren und beim Pfleger abgegeben. Wie eine trottelige Alte wurde ich behandelt, nur weil ich Angst hatte bei dem Sturm. Und dann auch noch Fahrstuhl, nee. Da habe ich auch Respekt, seit ich mit Ilse damals stecken geblieben bin. Ich bin vorsichtig geworden mit den Höllendingern, ich mache einen großen Schritt rein und fasse nichts an und passe auf, dass ich nirgends gegenkomme. Ilse und ich waren seinerzeit im Zänter bei der Fußpflege. Unser Salon ist in der zweiten Etage. Wenn ich allein unterwegs bin, laufe ich immer. Wer rastet, der rostet, nich wahr? Lieber schnaufen und langsam machen als sich gar nicht mehr rühren können, sage ich mir immer. Aber Ilse wollte den Fahrstuhl nehmen. Sie drückte auf E, obwohl wir hochwollten. E ist nämlich unten. Ich sagte: «Ilse, wir müssen doch hoch!», und drückte auf 2, und dann ging alles ganz schnell. Ilse dreht sich um und kam beim

Umdrehen mit dem Hintern gegen die Knöpfe, und was sie da erwischt hat, weiß ich bis heute nicht. Es ruckelte, und das Licht ging kurz aus. Wir drückten auf den roten Knopf, es war ja ein Notfall, und dann bekam ich richtig Angst. Wenn man da gefangen ist und zwischen Himmel und Hölle hängt? Lachense nicht, es war wirklich schlimm. Ich guckte in meine Handtasche. Selbstverständlich hatte ich ein paar Kekse, zwei Käseschnitten und zwei kleine Fläschchen Korn dabei. Außerdem noch zwei Leckerli für Norbert. Wenn wir für mehrere Tage festsitzen würden, würde ich Ilse was abgeben. Vom Korn nicht, aber von der Käsestulle. Und aus Hundekuchen mache ich mir sowieso nichts. Ilse weinte und wimmerte, aber als ich gerade fragen wollte, was sie denn an Vorräten dabeihatte, ruckelte es, und der Fahrstuhl fuhr weiter. Dem Himmel sei Dank sind wir da rausgekommen, ohne Schaden zu nehmen. Damals habe ich auf den Schreck einen kleinen Korn trinken müssen, und sogar Ilse, die sich sonst immer schüttelt, nahm einen kleinen Schluck, so gewaltig war der Schreck. Hier im Reha-Kurheim ging das ja nicht, des schlechten Eindrucks wegen. Aber zum Glück ließ der Sturm am Nachmittag nach. Bis dahin war Erwin im Gemeinschaftsraum die ganze Zeit um mich herumscharwenzelt. Seit die Schnabel, seine Ball-Eroberung, entlassen worden war, besann er sich wieder auf mich. Der sollte jedoch nicht denken, dass ich eine zweite Besetzung bin, wenn die Hauptdarstellerin von der Bühne geht. Nicht mit mir! Ich zeigte ihm die Schulter, und die war eisekalt. Und das lag nicht daran, dass sie schlecht durchblutet war, sondern daran, dass eine Renate Bergmann eben ihren Stolz hat! So was lässt eine Dame, die auf ihren Ruf achtet, nicht mit sich machen. Ein paar Mal schmuhte ich rüber, das gebe ich gerne zu. Er trug die neuen Schuhe, die wir im Fernsehen für ihn bestellt hatten. Sehr stattlich wirkte er. Er war schon ein fescher Herr.

Am nächsten Tag gingen die Anwendungen wie geplant weiter. Einmal mehr oder weniger Fango ist ja nun auch egal, nich wahr? Ich glaube sowieso nicht an den Humbug. Mir müssense nicht kommen mit Schlammpackungen. Für mich ist das alles erst mal Gedöns, und ich muss an Kirsten und ihren Esoterik-Klimbim denken. Die machen den Pamp bei Rücken drauf, bei Hüfte, ja, die Frau Krappel hat es sogar auf den Nacken bekommen. Und nun seien Sie mal ehrlich: Woher soll der Fangoschlamm eigentlich ahnen, was er heilen soll? Ob jemand nun Bandscheibe hat oder Knie oder Hüfte – das kann das Zeug doch gar nicht wissen! Hörense mir auf. Ich glaube, die steckten uns alle nur in den Zuber, damit wir ruhig waren und beschäftigt. Aber mit der Salbe für den Rücken ist das auch nicht anders, die stinkt, und es hilft nur, wenn man dran glaubt. Ich weiß nie, welche für den Rücken und welche für die Beine ist. Gertrud sagt: «Wenn es kribbelt, ist es richtig.» Ich merke da meist nichts. Nur die gegen Mückenstiche, die kühlt sehr schön.

Der Tangoschlamm war nicht kühl, er war warm. Einmal war er sogar so heiß, dass ich mich fast verbrüht hätte. Meine Sache war das nicht, im Zuber zu sitzen und zu warten, dass der Schlamm mich gesund macht. Aber bitte, ich fügte mich und saß brav meine Zeit ab.

Gott sei Dank hatte ich für Fango meinen alten Badeanzug mitgenommen, den habe ich mir schon vor Jahren versaut, als ich mit Kurt und Ilse in der Tschechei bei der Kur war. Die Flecken kriege ich nicht mehr raus, und dabei kenne ich mich aus! Keine Chance, nicht mal mit Gallseife pur. Es war ja nicht einzusehen, dass ich mir das hübsche neue rote Modell auch wieder versaute. Den trug ich nur bei der Wasserdisco. Ich dachte ja erst, ich könne den nicht anziehen. Rot ist doch sehr aufdringlich, und das in meinem Alter? Ich war mir nicht sicher, ob sich das ziemt. Nee, ich wollte erst nicht. Aber Kirsten hat gesagt: «Mama, du bist so eine lebendige Person, dir steht Rot. Trau dich mal!» Ich dachte: «Na gut, bevor sie noch ihr Pendel rausholt und meine Schackren wegen der Lichtenergien befragt und am Ende ein Dirnenrosa empfiehlt – nimmste den Roten, Renate.» Die meiste Zeit ist man ja unter Wasser bei der Aquagymnastik. Und der Schnitt ist klassisch, ich trage da seit 1960 das gleiche Modell, da gehe ich kein Risiko ein. Bei mir guckt nichts raus, was keinen was angeht!

Ich hatte mich so auf das Aquaturnen in Wandlitz gefreut, aber es machte keinen Spaß. Frau Stein hat mich nassgespritzt. Ich hatte zwar zum Glück die Badehaube auf, aber trotzdem. So was macht man doch nicht! Und es war kein Versehen, sondern volle Absicht. Zur Strafe habe ich ihren Rollator hinter die Tanne vor dem Schwimmbad geschoben. Lassen Sie Fräulein Tanja, bei der wir in Spandau immer Aquagymnastik machen, sein, wie sie will – aber im Vergleich zu der Schwester Sabine hier im Kurheim machte sie es sehr gut. Bei Tanja kommt man wenigstens in Schwung, und sie hält einen auf Trab mit ihrem «Und noch acht, sieben, sechs ... und von vorn!». Bei Schwester Sabine standen wir nur im Wasser rum. Ganz blaue Lippen hatte ich nach zehn Minuten.

Es war nur noch eine Woche, bis ich wieder nach Hause durfte. Ich konnte alltags und bei guten Straßenverhältnissen wieder ohne Rollator laufen. Ein bisschen steif sah es aus, aber man musste zufrieden sein. Ich war so froh, dass ich nach Hause durfte! In mein eigenes Zuhause, nicht in ein Heim oder gar zu Kirsten. Das Glück haben nicht viele in meinem Alter, die sich die Hüfte brechen. Ich freute mich auf meine Wohnung und mein eigenes Bett. Auch auf den Kater und sogar ein bisschen auf die Meiser und die Berber. Auch wenn es liederliche Weibsbilder sind – sie gehören ja doch zur gewohnten Umgebung und fehlen einem. Wenn man nun schon über 20 Jahre da wohnt, dann ist es ein richtiges Zuhause. Wie oft bin ich schon umgezogen im Leben, aber aus Spandau will ich nicht mehr weg. Es war ja ein langer Weg dahin.

Auch das Grab neben Walter ist schon bezahlt, alles im Voraus beim Bestatter hinterlegt und verfügt.

Am letzten Abend vor meiner Entlassung verabschiedete ich mich von den Schwestern der Spätschicht. Die würden ja früh nicht mehr da sein, wenn ich nach Hause ginge. Wegen der Schicht. Ich ließ ihnen einen Karton Mongscherie da, die darf ich ja nicht. Der Zucker, wissense. Und außerdem ist mir der Schnaps darin auch viel zu süß. Schwester Sabine fragte ich nach ihrem Namen beim Fäßbock und habe ihr eine Freundesanfrage geschickt. Sie hieß da Anja Strauß. Komisch.

Nur noch einmal schlafen, und dann würde Stefan mich abholen und nach Hause fahren. Ich wäre fast schon lächelnd eingeschlafen, da stand ich noch mal auf und packte die Handtücher von der Einrichtung in meinen Koffer. Nicht, dass ich das noch vergaß am nächsten Morgen!

Dann kam der Tag meiner Entlassung. Nachdem ich mich angekleidet hatte, goss ich ein Glas Wasser in mein Bett. Das ist vielleicht kindisch, aber es war so entwürdigend, dass die mir eine Gummiunterlage unter das Laken gelegt hatten! Eine Unverschämtheit, eine bodenlose Frechheit war das. Ich hatte mir geschworen: Am letzten Tag würde ich Wasser ins Bett gießen, und das machte ich jetzt auch.

Der Doktor bestellte mich zu sich zur großen Abschlussbesprechung.

«Frau Bergmann, wir entlassen Sie zurück in Ihre gewohnte Umgebung. Sie sind vollständig wiederhergestellt», sagte Herr Doktor Puschel. Er erklärte mir, dass meine alte Hüfte so morsch war, dass ich früher oder später sowieso einen neue gebraucht hätte. Die hätte nicht den kleinsten Stupser mehr mitgemacht. Das neue Titandingens wäre tipptopp, und ich sollte keine Angst haben und auch überlegen, die andere Seite ersetzen zu lassen im nächsten Jahr. Ich versprach, darüber nachzudenken.

Doktor Puschel lobte meine erstaunlich robuste Konstitution. Robust! Ich bitte Sie, warum sagt der Mann nicht einfach GESUND? Das und mein eiserner Wille hätten bei der Heilung mitgeholfen. Dann blätterte er meine Akte durch, und ich wurde ein bisschen nervös. Nicht, dass Schwester Sabines Einträge auf dem letzten Meter doch noch dazu führten, dass ich geschimpft wurde? Doktor Puschel überflog aber alles nur und lobte meine aktive Mitarbeit. «Frau Bergmann, Sie sind eine Musterpatientin. Wenn Sie jetzt nach Hause gehen, schonen Sie sich bitte noch.»

Schonen?

Ich glaubte, ich hörte nicht richtig. Der hatte ja keine Ahnung, was mir jetzt bevorstand. Sicher hatten die Meiser und die Berber mich mit ihren Händifotos vom blitzeblanken Flur erst mal beruhigt, aber einer Renate Bergmann macht keiner was vor. Mir schwante schon, was jetzt kam. Da müsste ich mit der Wurzelbürste ran, und zwar von oben bis unten.

Ich musste auch unbedingt so ein Pupskissen besorgen, eins, das so unanständige Geräusche macht. Kennense das? Kirsten würde ja Altersheime mit mir angucken wollen, das war so sicher wie das Amen in der Kirche, und da wollte ich so was dabeihaben, um keinen allzu guten Eindruck zu hinterlassen. Man will schließlich kein Risiko eingehen.

Dann musste ich meine Wohnung auf Vordermann bringen. Wenn da über zwei Monate keiner war, na, da könnense sich sicher vorstellen, dass man da durchputzen muss, und zwar gründlich. Mit Gardinen waschen und Teppich klopfen, komplett. Kirsten hatte zwar ein paar Mal dort übernachtet, aber man konnte nun wirklich nicht damit rechnen, dass sie vielleicht mal einen Wischlappen oder gar den Staubsauger in die Hand genommen hatte. Ilse hatte erzählt, sie hätte in der Schlafstube einen Traumfänger aufgehängt. Federn an einer Strippe. Traumfänger, dass ich nicht lache. Staubfänger trifft es wohl eher. Na, ich ahnte schon, dass ich klar Schiff machen musste. Ich sach ja immer: Männer müllen genetisch bedingt die Wohnung zu, da können die gar nichts für. Frauen auch, aber bei denen nennt man es dekorieren.

Und dann die Geschichte mit Gertrud und Gunter Herbst. Die leben ja quasi wie in wilder Ehe, das geht doch so nicht. Die Sache muss ich mir genau betrachten; vielleicht steht schon die nächste Hochzeit ins Haus? Ihr Gustav ist seit über zehn Jahren tot, was ist denn dabei? Aber von allein kommen die nicht darauf, da muss ich mich wohl dahinterklemmen und für geordnete Verhältnisse sorgen.

Ich musste mir auch Gedanken machen über Erwin Beusel und ob ich ihn wohl wiedersehen wollte. Einerseits wollte das gut überlegt sein, man hat ja schließlich einen guten Ruf zu verlieren. Wenn sich das rumsprach, dass ich mit so einem Hallodri ohne Begleitung im Park spazieren war! Andererseits war auch keine Zeit. Schließlich waren wir beide keine jungschen Hüpfer von 75 mehr. Ich beobachtete ihn in den letzten Tagen ab und zu und musste an Gertruds Salbe denken, zu der ich immer sage: «Wenn es kribbelt, ist es richtig.» Es kribbelte schon ein bisschen. Vielleicht war Erwin die richtige Salbe für mich?

Aber nicht nur meine Angelegenheiten musste ich regeln, so, wie die Dinge lagen, würde ich auch bei Kurt und Ilse einschreiten müssen. Mit Kurts Augen wird es immer schlechter. Jonas, der Enkel, hat gemeint, sie sollen noch mal zum Augenarzt gehen und einen Test machen, damit Kurt einsieht, dass er den Führerschein vielleicht doch lieber abgibt. Aber solange Kurt die Schwester wieder mit Hausschlachtewurst und Ilse den Doktor mit einem Päckchen Kaffee besticht, macht das doch alles gar keinen Sinn.

Ja, es standen so viele Dinge an, um die ich mich kümmern musste. Allein schon Stefans Baby! Also, das Kind von Stefan und Ariane. Ariane hat doch keine Ahnung. Die brauchen mich und meine Erfahrung als Mutter. Ich sehe das schon kommen, die weiß nicht mal, wie man Windeln auskocht, und wie ich sie kenne, wird sie auch nicht stillen wollen. Das Beste wird sein, sie kommen in den ersten paar Wochen zu mir und ich helfe ihr bei der Säuglingsversorgung.

Schonen! Ich ließ den Doktor referieren, nickte hin und wieder und lächelte. Das Konzept war ja schon erprobt. Es hatte doch gar keinen Sinn, mit dem jetzt zu diskutieren. Plappern lassen und sich seinen Teil denken war die Devise. Die Hüfte war heile, und auf mich wartete viel Arbeit zu Hause. Ich bekam einen Brief mit für Frau Doktor Bürgel und dankte ihm höflich für die gute Betreuung.

Dann ging ich auf mein Zimmer und verabschiedete mich von den anderen Patienten auf der Station. Sie wissen ja, wie das ist, man sagt so Sachen wie «Ach, Sie sind so eine angenehme Person!» und «Wir müssen aber in Kontakt bleiben» und denkt doch nur daran, wie sie geschnarcht hat, und freut sich auf sein Bett zu Hause. Bei Erwin nickte ich zunächst nur schmallippig zum Abschied durch die Tür. Ich meinte es ja gar nicht so, aber ich muss Ihnen doch nicht erklären, dass Frauen raffiniert sind, oder? Ich wollte ihn doch nur ein bisschen herausfordern und sehen, ob ihm etwas an mir gelegen ist. Der olle Stiesel war jedoch so einfühlsam wie eine Schrottpresse und begriff gar nichts, sondern winkte mir freudig zu. «Renate, komm doch mal her!», rief er, und seine Augen strahlten. Ich ging so langsam und uninteressiert wie möglich zu ihm rein. «Damit du mich nicht vergisst», sagte er und drückte mir ein kleines Kästchen in die Hand. Mir wurde ganz blümerant in der Magengegend. Der Kloßkopp würde doch wohl keinen Ring für mich gekauft haben?! Das fehlte mir noch. Gespannt öffnete ich das Schmuckdöschen, und Gott sei Dank, es war kein Ring. Es war eine Kette mit einem sehr hübschen Anhänger. Er glänzte wie ein Diamant. Es war aber ein nachgemachtes Strassssteinchen, ich erkannte den Anhänger nämlich sofort wieder. In der Nacht, als wir die Schuhe bestellt hatten, da wurde nämlich auch dieses Stück gezeigt bei «Shoppingglück 24». Es war großer Schmuckautlett, und alles musste raus aus dem Lager, auch das hübsche Silberkettchen mit dem dezenten Ersatzbrillanten für 27,50 Euro. Plus Versand.

Ja, nun wusste ich auch nicht. Eigentlich wollte ich Erwin nicht wiedersehen nach dem Fiasko am Patientenball. Aber wissense, wenn ein Mann einer Frau Schmuck schenkt, dann ... also, so oft ist das noch nicht vorgekommen bei mir. Abgesehen von den Eheringen hat mir nur Walter mal eine Kette geschenkt, und die war mit Nickel, und ich bekam Pusteln. Ich bedankte mich höflich bei Erwin, und er half mir beim Anlegen. Ich schrieb ihm dann doch meine Adresse und meine Telefonnummern – Händi UND Posttelefon – auf den Rand seiner Rätselzeitung.

Jetzt bin ich ja schon gespannt, ob er sich meldet. Hihi.

Im Schwesternzimmer sagte ich «Auf Wiedersehen» zu den ganzen Sabines und zu Schwester Elke. Hier war keine dabei, die ich beim Fäßbock haben wollte. Einen Kasten Konfekt ließ ich ihnen trotzdem da. Aber kein Mongscherie, das war alle. Belgischen Meeresschaum aus dem Präsentkorb von der Meiser und der Berber hatte ich noch, das isst ja sonst auch keiner.

Stefan und Ariane kamen, um mich abzuholen. Stefan trug meine Tasche. Er wunderte sich, dass sie viel leichter war als bei meiner Einlieferung. Der Gute hatte ja keine Ahnung, dass da jetzt zwei Flaschen Korn weniger drin waren. Er kennt seine alte Tante eben doch lange nicht so gut, wie er denkt. Ariane bemerkte sofort den hübschen Anhänger von Erwin an meinem Hals. «Der ist doch neu, Tante Renate. Nun sag bloß, den hast du von deinem Kurschatten?», scherzte sie, und ich gab mir Mühe, so unverdächtig wie möglich zu reagieren. Ich nestelte am Anhänger, lächelte und fragte, während ich auf Arianes Bäuchlein deutete: «Habt ihr euch denn schon einen Namen für das Kleine überlegt?»

«Wenn es ein Mädchen wird, soll sie Lisbeth heißen», antwortete Stefan.

«Und wenn es ein Junge wird?»

«Jeremie!», sagte Ariane wie aus der Pistole geschossen.

Lieber Gott!

Nun drücken Se bloß die Daumen, dass es ein Mädchen wird!

Mit so viel Biss hat noch niemand über Zahnlosigkeit geschrieben.

«Deutschlands bekannteste Twitter-Omi» (Bild) hat Zucker und «Ossiporose», schläft unter einer Heizdecke und hat «den Krieg nicht überlebt, um Kunstfleisch aus Soja zu essen»: Renate Bergmann, 82, aus Berlin. Ihre Männer liegen in Berlin auf vier Friedhöfe verteilt, das Gießen dauert immer einen halben Tag. Und à propos tot, Renate und ihre beste Freundin Gertrud haben ein schönes Hobby: Die beiden suchen sich in der Zeitung eine nette Beerdigung raus, ziehen was Schwarzes an, und dann geht es los. Zwei alte Damen mehr oder weniger am Buffet – da schaut keiner so genau hin. Denn schließlich: «Die meisten denken ich bin eine süße alte Omi. Aber ich kann auch anders.»

In Episoden schreibt Renate über ihre Abenteuer: Ein großartiges Spiel zwischen Rentnerdasein und digitaler Welt.

rororo 23690

Wir hatten früher auch schon ebay. Nur das war ohne Computer, und es hieß Kirchenbasar.

Es ist doch so: «Viele Worte sterben aus, weil es die Dinge nicht mehr gibt, nicht weil man anders dazu sagt. Schellackplatte zum Beispiel. Heute gibt es so was nicht mehr, man hat diese kleinen silbernen CD-Scheiben, oder sogar MP auf dem Computer. Meist gleich 3 Stück. Trotzdem ist es doch schön, wenn man sich erinnert, was eine Schellackplatte ist. Ich habe dem Stefan erzählt, dass mir der Opa damals die neuste Schlagerplatte von Rudolf Schock geschenkt hat. Er hat mich zum Tanztee ausgeführt, dann haben wir dazu geschwoft. Wissen Se noch, was Schwofen ist? Der Junge guckte mich an und sagte nur: ‹Tante Renate, ich verstehe kein Wort.›»
Hihi. Na, der Lauser wird sich wundern. Jetzt kommt Renates Wörterbuch!
«Renate Bergmann stärkt den Dialog zwischen den Generationen: Sie nimmt ihr Alter mit Humor – und die Jungen auf die Schippe.» (MDR Info)

Nur als E-Book erhältlich

Rowohlt E-Book Only 978-3-644-55471-9

Das für dieses Buch verwendete FSC®-zertifizierte Papier
Lux Cream liefert Stora Enso, Finnland.